U0993579

性格与投资

构建自我驱动的投资组合

SAM PHOEN 潘添礼（新加坡）著
NANCY TIAN 田唯 林凌 译
高晟财富

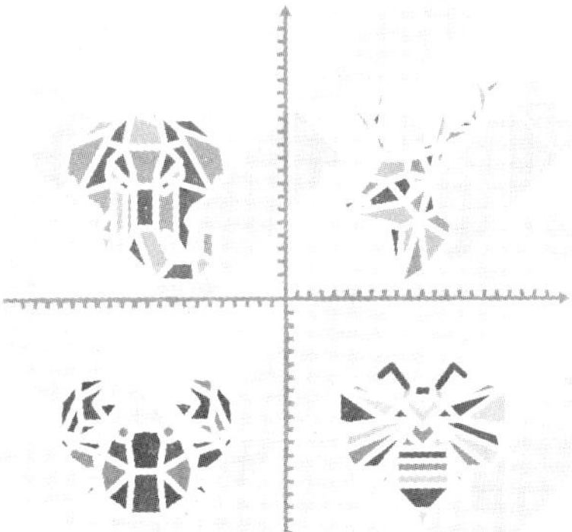

PERSONALITY-DRIVEN PORTFOLIO:

INVEST RIGHT FOR YOUR STYLE

中国经济出版社
CHINA ECONOMIC PUBLISHING HOUSE
·北京·

图书在版编目（CIP）数据

性格与投资：构建自我驱动的投资组合/（新加坡）潘添礼著；田唯，林凌译.
—北京：中国经济出版社，2019.1
书名原文：Personality - Driven Portfolio：Invest Right for Your Style
ISBN 978 - 7 - 5136 - 5434 - 0
Ⅰ.①性… Ⅱ.①潘… ②田… ③林… Ⅲ.①组合投资—基本知识
Ⅳ.①F830.59

中国版本图书馆 CIP 数据核字（2018）第 248203 号

著作权合同登记号：01 - 2018 - 8071
Copyright © 2018, Sam Phoen.
All rights reserved. No part of this publication may be reproduced or transmitted in any form or by any means, or stored in any retrieval system of any nature without the prior written permission of the copyright owner

责任编辑 孙晓霞
责任印制 马小宾
封面设计 任燕飞设计工作室

出版发行 中国经济出版社
印 刷 者 北京科信印刷有限公司
经 销 者 各地新华书店
开　　本 880mm × 1230mm 1/32
印　　张 6.25
字　　数 120 千字
版　　次 2019 年 1 月第 1 版
印　　次 2019 年 1 月第 1 次
定　　价 48.00 元
广告经营许可证 京西工商广字第 8179 号

中国经济出版社 网址 www.economyph.com 社址 北京市西城区百万庄北街 3 号 邮编 100037
本版图书如存在印装质量问题，请与本社发行中心联系调换（联系电话：010 - 68330607）

版权所有 盗版必究（举报电话：010 - 68355416 010 - 68319282）
国家版权局反盗版举报中心（举报电话：12390） 服务热线：010 - 88386794

前言

距离我的第一本书《高净值投资：如何通过实际资产配置来赚钱》（*High Net Worth Investing: How to Grow Your Wealth through Practical Asset Allocation*）出版已经有段时日了。在那本书中，我以三个不同的身份分享了自己的经验：一名银行的客户经理、一名投资产品配置专家以及一位高净值客户。

我之所以能够拥有这些不同的角度，是因为我有幸直接或间接接触了银行、对冲基金以及主权基金等多个职能部门，同时，我也是多个传统银行和私人银行的客户。

除了分享自己的经验，我编写那本书的目的之一是提高高净值散户投资者的金融素养。在出版两个月后，它为我开辟了一个颇有趣味的新领域，即作为老师，或者说指导者来为个人指导资产配置，如何从散户投资者的角度来“感受”投资产品，以及应对具有挑战性对话的软技能等。

在课程和研讨会上做了越来越多的指导和分享之后，我对散户投资者真正的需求产生了更大的兴趣。

在长期稳步的上涨之后，市场形势日趋复杂且波动，投资者发现最具挑战性的是如何做到“把握市场时机”。他们开始接受资产配置的概念，以分散投资风险，并开始思考如何构建投资组合，而非单纯地在市场中寻求机遇。至于那些已经建立了自己的投资组合的人，我发现他们中的一些人也在苦苦挣扎，因为那些投资组合看似符合他们的基本风格，却并不契合他们的投资性格。

本书的灵感就源于这些投资者。

在编写本书的过程中，我再次从三个不同的角度来分享我的经验：在新加坡政府投资公司（GIC）作为长期投资者的视角；在对冲基金作为短期交易员的视角，以及作为散户投资者的个人经历视角。

从这些角度出发，我制定了一个实用的投资组合构建流程，适用于大多数散户投资者依照自己独特的投资性格量身定制投资组合。

在此过程中我得到了许多帮助，我想向我的朋友冯增端致谢，感谢他对于打造固定投资收益组合反馈的宝贵意见，我还要感谢黎丽霞、谢敏励，以及辉立证券的团队，是他们为我提供了工整美观的股票价格图表作为插图。特别要感谢的是我的家人和朋友，他们总是支持着我的一切行动。

我真诚地希望本书能够引导投资者步入正确的道路，构建起经得起时间考验的个性化投资组合。

简介

“构建一个投资组合很简单：只要开立一个交易账户或者经纪人账户，然后开始用你存下来的钱买你想买的东西，这就行了！”

要是真的这么简单就好了。

“如何打造完美的投资组合”是一个在许多关于个人理财和自学理财的文章中常见的标题，但是构建投资组合已经很难了，所谓的“完美投资组合”真的存在吗？

在 2018 年 2 月 24 日举行的 CFA－新加坡交易所构建投资组合会议上，在与会听众中进行了现场投票，询问他们在投资中面临的最大难题：

我不知道何为“优秀投资组合”，或不知道如何打造一个“优秀投资组合”	44.6%
我不了解市场动态，或不知道如何分析市场	26.8%
我无暇跟踪股票价格或管理投资组合	19.6%
其他问题	5.4%
没有难题，我做得非常好	3.6%

高居榜首的是："我不知道何为'优秀投资组合'，或不知道如何打造一个'优秀投资组合'。"这一答案与我作为顾问所接受的询问内容是一致的。我遇到的最常见问题就是：

"资产配置确实是势在必行，但是我接下来要怎么做？我要怎样构建适合我的投资组合?"

很明显，许多散户投资者仍然需要帮助，以期从资产配置计划转变成为能够满足其预期目标的个性化投资组合。

构建投资组合远不止于开立一个经纪人账户来进行买卖，那只是例行的管理任务。构建投资组合也绝不仅是根据你的风险偏好和收益目标来制定一套标准规程，并根据规程来买卖股票和债券。最重要的部分是所谓的"标准"规程根本毫无用处，因为每个人都是不同的个体！换句话说，根本就不存在完美的投资组合。

每个人的投资行为都是由之前的生活经历决定的。也许在你成长的过程中，父母会经常提醒我们要学会储蓄和节俭（有趣的是父母很少会提醒我们要学会投资），于是我们便会有这样的经历发生：也许你曾经借钱给朋友却有去无回；又或是你曾受到全球金融危机的影响，从中获益不少或损失颇多。

这些经历往往会留在我们的脑海里，并与每个人独特的个性相结合，使得我们在面对同样的投资场景时做出些许不同的反应。

成功的投资组合基金经理和典型的散户投资者之间最明显的区别就在于他们的盈利和止损行为。典型的散户投资者往往在买进时抱有很大希望，当投资盈利时会迅速兑现利润，但当投资失误时却依然抱持不放，盼望它可以“起死回生”。而一个典型的基金经理的购买行为则通常基于广泛的研究基础，并会在投资失误时果断及时止损。

考虑一下自己的行为模式。当你面对盈利和亏损时，你会怎么做？

在所有条件都相同的情况下，作为散户投资者，你应该像基金经理一样去构建投资组合吗？答案是：这取决于你自己的行为模式或行为“风格”。如果你通常倾向于继续持有亏损投资，那么即使你和基金经理以同样的投资组合开始，结局也很快会大相径庭。盲目复制他人的投资组合，或是强迫自己的行为去符合“标准”投资组合都是大错特错的。相反，你应该考虑的是基于自己的行为风格量身打造一种组合。

投资组合只有基于个人独特的投资管理风格来进行构建，才能够承受时间的考验，而投资组合只有在经受住时间的考验之后，我们才能从资产配置和长期复利中受益。

在这本书中，我会先帮助你更好地了解那个投资自我。带着这种了解，我将向你展示如何构建适合自己性格和风格的传统资产类别投资组合。

当然投资组合管理远不止于此。根据我的经验，我知道投资者所面临的挑战不仅是决定买进什么，更要决定何时卖出。我会分享我对于资金管理、再平衡和确定什么时候出售投资的看法。

最后，我会帮助你全面回顾自己的所有个人资产类别投资组合，以期在你的完整投资组合中实现所寻求的平衡状态。

每个人都是独一无二的个体。如果你的投资组合不符合你的个性，那么你便会持续感到焦虑不安，担心自己的投资组合是否会带来超过自身承受能力的亏损。当你在盈利的时候，你会担心如果自己不兑现利润，最后会一无所获；当你在亏损的时候，你会担心，并希望（通常是徒劳的希望）能够绝处逢生。如果投资组合不将你的独特个性考虑在内，损害的可能不仅是你的财产，从长远来看甚至会影响你的健康。

花费了大量的时间在投资上，却始终担心多年努力之后收效甚微，甚至一无所获？这真的是你想要的结果吗？还是你想要一个令人放心的投资组合，它会随着时间的推移完成自己的使命，无须过多担心？

《性格与投资》就是答案，它将与你同行，并指引你为自己的长期财务健康创建一套定制投资组合。

目录

第一部分

了解自己的性格与需求

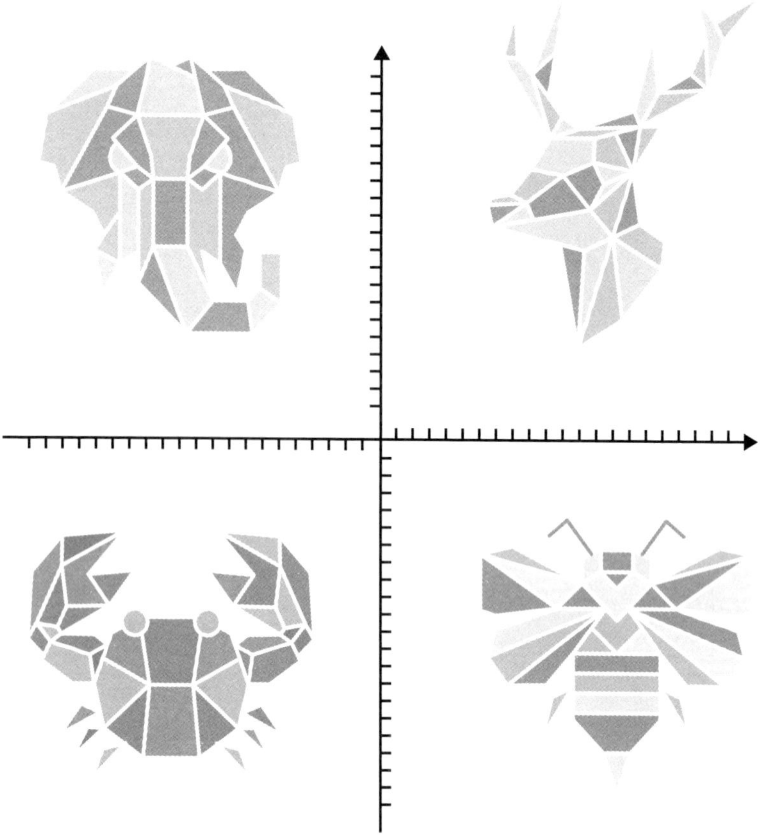

第一章　了解自己

你对自己有多了解？

这是一本关于投资的书。但是，在你打算做任何投资或评估你现有的投资之前，我希望你首先能更好地去了解自己。这一点至关重要，在下文中我们会看到原因所在。

首先，请你问一问自己：

- 你的“投资性格”是什么——果断干脆、缺乏耐心、瞻前顾后、理性考虑，还是固执己见？
- 你如何形成自己的投资理念——通过调查研究还是道听途说，人云亦云？
- 你何时出售自己的投资？
- 为什么人们往往倾向于迅速获利，而非及时止损？
- 当你需要投资建议时，你会向谁寻求帮助？

为什么了解自己如此重要?

投资是件非常个性化的事，在朋友身上行之有效的方法可能并不适合你。这是为什么呢?如果你对于交易市场毫无兴趣，那么当然无法复制朋友作为交易员的成功经验，因为他所做的也不过是跟进自己所做的交易，并积极买入卖出而已。如果你是一个急于求成、缺乏耐心的投资者，无法对一个投资理念静观其变，等待它开花结果，那么你便无法从需要时间发酵的长期投资理念中受益。如果你的投资稍有下跌，便会感到惶惶不安，那么你便不会长期持有投资，并最终享受到获得巨大收益的那一天。

换句话说，并不存在什么万能公式或投资组合能够确保你的盈利，而那些为你提供投资组合“模型”的文献之中缺少的恰恰是最为关键的定制部分:你自己!如果不将你的性格纳入考量，那些投资组合“模型”绝不会适合你。

因此，如果你想掌控自己投资组合的设计、构成和维护，第一步必须从了解自己开始。

你的投资组合适合你吗?

在管理资产时，无论你选择把资金交给职业基金经理或是自行管理，重要的是要对自己的整体资产情况有一个总体性了解，以及如何分配和细分资产。这就是投资术语中的资产配置（Asset Allocation，AA）。

资产配置法通常建议将资产分散投资到不同资产类别，再深入探讨每一类别的投资方式，重点关注各资产类别的回报特征及其历史回报情况。在聚焦投资的具体目标国家和市场之前，资产配置法首先关注哪些资产类别在不同的经济环境之中可能有较优表现。

如果投资者比较年轻，几乎所有的资产配置方案中都会分配大量比例的股票，因为股票被证明在长期持有的情况下能够产生丰厚的回报。因此，当一个年轻人去寻求理财规划师或是一个典型的“机器人顾问”的建议时，哪怕他的心态比较保守，他们也往往会建议其将相当比例的资金配置到股票上。当然，与年龄、收入、家庭结构等方面都相似的其他人相比，保守者在股票上的配置当然会少于那些被风险偏好分类为“激进型”的投资者，但是股票与年龄年轻之间的自动关联占主导地位。

通常，一个人的风险厌恶情绪往往是在最高的资产配置级别（按资产类别进行配置）处理的，而在详细的投资组合结构级别则处理较少。例如采用较少的股权与较多固定收益结合的方式，则收益波动性较小，这种资产配置计划更适合于保守型或厌恶风险的投资者。一旦采用了这种配置，便会认为投资者的风险厌恶情绪已经基本得到了照顾，理财规划师或“机器人顾问”便可以自由地为每种资产类别规划投资的国家或市场，以期在投资者的风险偏好范围内获得最佳回报。因此，如果投资者对于波动性的容忍度更高，他可能会被分配到波动性更大的领域，反之，如果投资者对于风险容忍度更低，则会被分配到防御型的领域。

这些方式都有其可取之处，而且如果你并非亲自管理股票或债券的选择与交易，而是将其托付给职业基金经理人时，它们往往得以发挥作用。但是，如果我们要自己构建和管理投资组合时，我们通常会发现这些“自上而下”的配置或建议远远不够。许多人只有在面临亏损时才会意识到这个问题：投资组合是否过于激进？选择的国家或市场是否波动过大？选择的股票或债券是否实在太糟糕了？

其中的原因也许是多种多样的。除了在选择股票或债券中做出的错误决定之外，我发现最有可能的原因是我们经常高估自己的风险偏好——我们认为自己能够承受的损失大于实际承受能力。当我们的投资组合在盈利时，很少去考虑自己投资组合的风险状况，因为没有人会抱怨赚的钱比预期的多；只有在面临亏损时，我们才会重新评估自己的投资组合结构是否正确。

此时，我们会发现自己的投资组合和其他市面上的投资组合一样，都是用一种“自上而下的、宏观的”方法构建起来的，几乎完全没有将个人的独特投资性格考虑在内。因此，最终构建起来的投资组合往往并不是我们满意的投资组合。

我们从中得到的经验是：投资组合只有与个人的性情、风险偏好以及资金管理方法相一致，才会是可持续的投资方法。如果投资组合中的某些部分所具备的风险与回报特性并非你所倾向的类型，那么你便不会长期持有该投资组合。而这便会导致你无法获得像复利这样长期的收益。

正是基于这一想法，我想帮助你更好地了解自己，并阐述如何构建并维持一个可持续的投资组合。但是在我们开始讨论什么类型的投资产品适合你之前，你必须非常清楚自己的投资性格，以及你对于风险和回报的态度。

投资性格与风格评估

个人的投资性格、风险偏好和理财风格都是由其个性及经历所决定的。无论他在投资方面是积极型还是消极型，喜欢风险还是厌恶风险，能够在适当的时机兑现利润或是及时止损，这一切都与投资者的性格有关。而在本书中，“性格”一词将涵盖上述所有方面。

在下文中，我将提出几个简单的问题来帮助你评估自己的投资性格，以及对于风险和回报的态度。为了获得最佳效果，请如实回答以下问题！

首先，让我们以三个简单的对投资的认识的问题开始：

问题一：总的来说，你认为投资________。

A. 令人兴奋　　　　B. 很有压力

问题二：投资对于你而言困难吗？

A. 还算简单　　　　B. 非常复杂

问题三：你认为成功投资需要做多少工作？

A. 需要付出一些努力　　B. 大量的努力

——在问题回答完成之前请勿阅读答案分析——

如果三个问题你都选择了A，那么你应该是一个积极的投资者，或是一个乐于承担风险、喜欢参与市场的“交易者”。了解市场信息和研究股票于你而言并非苦差。

如果三个问题你都选择了B，那么你可能是一个保守型的投资者，或者对投资并不十分感兴趣。你也许是一个投资新手，或者因为害怕亏损而不愿投资。

如果你的答案为A、B皆有，对你来说，如果熟悉一项投资，而且无须对其做大量研究的话，你愿意承担一定的风险。

下面是三个与投资生活方式相关的问题：

问题四：（如果你曾经做过投资）你多久查看一次自己股票或其他资产的价格？

（如果你从未做过投资）当你进行交易或投资时，你认为自己会多久查看一次股票或其他资产的价格？

A. 一天好几次

B. 每天最多一次——每周

C. 每月——从不

问题五：（如果你曾经做过投资）你多久进行一次股票交易？（如果你从未做过投资）当你进行交易或投资时，你认为自己会多久进行一次股票交易？

A. 每天——每周

B. 每月——每季度

C. 半年或更久

问题六：如果不受日常工作约束，你希望自己监控和交易股票等投资的频率是？

A. 一天好几次

B. 每天最多一次——每周

C. 每月——从不

——在问题回答完成之前请勿阅读答案分析——

如果三个问题你都选择了 A，你很可能是一个活跃的交易者，或者对投资非常感兴趣。你乐于定期查看、监控市场动向，甚至对于一天多次交易十分享受。

如果三个问题你都选择了 C，你更像是一名被动的投资者，或是对投资毫无兴趣。然而，你已经准备好学习更多关于投资的知识，并将要更多参与市场交易。

如果三个问题你都选择了 B，或者答案为 A、B、C 皆有，那么你介于主动投资者与被动投资者之间。你对投资略有兴趣，或者只是在场外静候合适的时机再投身市场。

以上六个问题应该已经让你对于自己的基本投资性格有所了解，下面是最重要的部分，即资金管理风格的相关问题：

问题七：（如果你曾经做过投资）当你的投资（如股票）有可观的盈利时，你更倾向于________。

（如果你从未做过投资）当你的股票有可观的盈利时，你认为自己会怎么做？

A. 继续持有，尽可能获得更多利润

B. 卖出股票，兑现利润，重新评估下一步计划

问题八：（如果你曾经做过投资）当你的投资（如股票）亏损时，你更倾向于________。

（如果你从未做过投资）当你的股票亏损时，你认为自己会怎么做？

A. 继续持有，等待其回到你的买入或盈利价格再出售

B. 如果亏损达到一定值（金额），选择卖出并承受损失，然后重新评估下一步计划

——在问题回答完成之前请勿阅读答案分析——

问题七、八的目的是让你了解自己面对利润与亏损时的行为方式。将这两道题目的回答结合起来，可以得出四种可能的组合，而每种组合都代表一种特定的投资管理风格（IMS），我为每一种投资管理风格都设定了一个特殊名称，以便加深读者的印象，来记住这些风格的不同特点：

	问题八—A 等待反弹	问题八—B 及时止损
问题七—A 让利润继续增长	 自我大象型	 勤勉小鹿型
问题七—B 及早兑现利润	 谨慎螃蟹型	 忙碌蜜蜂型

让我们来依次剖析这四种投资管理风格：

自我大象型

你很可能是一个持有强势观点的投资者，你愿意在市场的波动中静待自己的观点成真。或者，你也可能是一个长期投资者——你不会过于密切地关注自己的投资，而是倾向于以长远眼光看待它们。不管怎样，你相信自己的投资观点会得到实现，如非必要，你不会轻易止损。你的自信与强烈的自我意识来自于过去的成功，因为你曾在投资中获利颇多。但是没有人会永远正确，而错误的决定也同样会使得你满盘皆输，甚至血本无归。因此，随着时间的推移，有朝一日你总会遇到巨大的波动，产生巨大的亏损或收益。

勤勉小鹿型

你是一个自律的投资者，你会密切关注自己的投资，以确保它们不会出现大问题。你会预设亏损水平或亏损金额，只要触线便会及时止损。另一方面，当你的投资产生盈利时，只要你持有这些投资的理由仍然可行，你便会让自己的利润持续增长。你的勤勉性格会确保自己没有一项投资糟糕到令得自己蒙受巨大损失，而你坚持持有盈利投资的特点则会让你不时击出绝妙的全垒打，令你成为一个可以持续获利的长期投资者。这是一种非常可取的风格，因为随着时间的推移，你也许会承担较小的亏损，但却会获得较大的收益。

谨慎螃蟹型

你是许多散户投资者的典型代表，当投资亏损时，你倾向于不承担损失，而是等待价格回升至成本范围再出售。与此同时，当你的投资在短期内盈利时，你通常会急于迅速将其售出并兑现利润。这样的行为方式往往会导致收益小，损失大——但你并不愿意承认这一点。最终你会持有亏损的股票，直到别无选择、不得不处理它的那一天。从长远来看，这种做法并不具备可持续性，因为一些错误决定所带来的损失可以很轻易地超越你做出的许多正确决定（希望如此）带来的收益。

忙碌蜜蜂型

当你的投资盈利时，你倾向于兑现利润，当你的投资亏损时，你也会及时止损。你是一个积极的交易者，密切关注市场，积极管理、交易你的投资。考虑到你与市场的密切联系，你可能会一直在忙于进出市场。你所追求的是收益小，损失小。

那么，你是哪种类型的投资者呢？

现在，你对于作为投资者的自己应该有了更清楚的了解，并知道了自己对于投资的兴趣程度（问题一、二、三），你知道了自己是属于主动型还是被动型的投资者（问题四、五、六），以及自己是四种投资管理风格之中的哪一种（问题七、八）。有哪些答案出乎你的意料吗？

在阅读了上文中的投资管理风格描述之后，一些读者也许认为自己不属于某个特定象限，而是介于象限之间的某个位置，因环境和投资类型的不同而变化。这种感受很正常，也可以理解，因为个性与风格的确很少会如此黑白分明。如果想从本书中获得最大收益，那么我们必须忠实于自己，不要脱离实际的自我，而假装自己身处自己希望所在的象限。大多数时候，你是最能判别自己处于哪一个象限。四个象限强调了每种风格对你的投资回报的重要影响，在这样的关键点，这种意识是至关重要的。

现在我们已经明确地知道，从长远来看，最有利可图的投资管理风格是勤勉小鹿型。如果你已经是这一类型的投资者，祝贺你！但如果你是其他类型的投资者，而且置身于你认为错误或不合理的象限，也不必烦恼，你可以，继续阅读下去，首先了解其他投资管理风格的特性。

谨慎螃蟹型

从长远来看，最不可能盈利，甚至会亏损的投资管理风格是谨慎螃蟹型。这种投资类型就像传奇投资者彼得·林奇（Peter Lynch）所说的“修剪花朵，灌溉杂草”。如果你获利时急于兑现，亏损时不愿及时止损，从长远来看，你的投资组合中只会剩下表现不佳的“杂草”。大多数的散户投资者都属于这一类型，而专业投资者则可以利用这一点在市场上获得收益。

忙碌蜜蜂型

如果你是忙碌蜜蜂型投资者，你会发现自己的利润和亏损都波动较小。日内交易者通常都属于这一象限。对大多数人而言，这样的波动完全不成问题。

然而，从长远来看，你的总体投资是盈利或亏损取决于你有多优秀。如果你做出正确决定与错误决定的比例各占一半，你承担损失的能力与你获取利润的欲望相等，并且你非常自律地遵守这一制度，从长期来看，你的损益表可能起伏不大。在计入交易成本后，你甚至可能出现亏损。只有当你做的投资决策中正确多于错误时，才会获得长期的收益。什么是“正确多于错误”呢？彼得·林奇的观点是：“如果你在这一行表现很出色，那么你的正确决定十之有六。”在我看来，如果你有接近60%的正确率，就已经非常出色了！

自我大象型

如果你是自我大象型，从长远来看，你会看到损益表上的巨大波动。抱持着强烈的投资信念，你愿意给你的投资理念足够的时间去酝酿，希望它们得以实现。

这一类型在专业交易员中极少见，尤其是关注短期投资的基金经理。他们无法鼓起勇气向投资者解释自己为什么要坚持亏损交易，如果这样的事情持续发生，将是对投资者耐心的持续考验。因此，这种投资管理风格通常只存在于主权基金或养老基金等超长期投资者中，因为他们不需要逐月向投资者报告业绩。

无须对任何人负责的散户投资者也可以采取这种投资管理风格。就像忙碌蜜蜂型一样，从长远来看，你最终是否能获利取决于你是否正确。如果你只有一半的时间是正确的，而且你的止损值与获利幅度值是完全相等的，那么你的最终结果将相当平稳，只是中间过程会有更多的波动。

勤勉小鹿型

勤勉小鹿型的投资者通常足够自律来增加利润，减少损失。因此，从长远来看，你很有可能会获得收益。这一投资管理风格隐含着投资者拥有不对称的止损值与获利幅度值。如果你的投资决策有一半是正确的，那么从长远来看，你最终会获得利润。因为你盈利的交易数额超过了亏损的交易数额。

这种投资管理风格面临着两个主要挑战——做出错误决策时努力及时止损，以及知道何时做出正确决策来兑现利润。大多数人并不喜欢及时止损，尤其是当我们只需要对自己负责时。我们希望损失是短期的，只要多一点耐心，便会看到投资出现转机。与此同时，当我们从一个投资中持续获利时，又该在什么时机兑现利润呢？何时止损其实是一个相对容易解决的问题，只需设定一个“止损额”。当亏损超过这一设定值时，我们便应该及时售出投资以止损。如果你觉得情绪会影响自己痛下决心的话，那就在系统中设定指令来自动执行。而何时该兑现利润呢？这一点我们将在后面第九章“何时售出”中做更详细的说明。

改变投资管理风格？

在你了解了自己的投资管理风格之后，也许会想从自己所在的象限“移动”到勤勉小鹿型。在此我必须提出警告的是：改变风格并非易事，因为最容易盈利的投资管理风格也许并不适合你的性格，而改变一个人的投资个性也是极其困难的。例如：如果你是一个没有耐心的短期投资者，你可以试着问一下自己，是否有耐心等待数月甚至数年之久，以获得利润增长？

我要明确一点：我并非要将你变成勤勉小鹿型。如果你是一个优秀的投资者，而且你的正确决定率远远超过 50%，那么你可能根本无须改变自己的投资风格。因为无论你属于哪种类型，从长远来看你都可能会盈利。的确，当你的正确率为 50% 时，勤勉小鹿型投资风格会给你带来最佳成功机会（需要注意的是，在时机恰当的时候，你必须遵守止损与获利的限额）。但如果你属于忙碌蜜蜂型，并把每笔交易的止损额设置为实际获利额的一半，同时又拥有不低于 50% 的正确率，从长远来看你也会获利！

然而，如果你仍然觉得自己想要成为“勤勉小鹿型”投资者或其他类型，可以试试这些建议：

忙碌蜜蜂型➡勤勉小鹿型

你已经是一个相当系统和自律的投资者了，总是按照自己的计划承担损失，获取利润。现在，你需要做的是考虑如何调整自己设置的兑换利润策略，将其设置在更高的额度上，还可以为你盈利的投资设置“追踪止损额”，以避免盈利投资长期持有带来的利润下降甚至亏损。通过这些做法，你会发现虽然你的决策正确率并没有提高，但是随着时间的推移，你的正确交易将逐渐为你赢得更多的利润，让你更接近勤勉小鹿型。

自我大象型➡勤勉小鹿型

正如它的名字所暗示的那样，你可能需要稍微缓和一下自我意识，多一点谦逊。当一项投资不符合你的预期时，那么多花一些时间重新进行评估，看看你是否错过了一些关键信息。如果你发现这种情况经常发生，可以更早地及时止损，而不是等待它们反弹。换句话说，如果你认为自己错了，不要继续固执己见。你会发现，随着时间的推移，你在某些交易中的损失可能会更小，而你的利润却会维持得更长远，从而使你的形象更接近勤勉小鹿型。

谨慎螃蟹型➡勤勉小鹿型

这种转变是非常具有挑战性的，因为它需要巨大的变化和大量的自律。事实上，你必须从“兑现利润，等待亏损反弹”的思维模式转变为“及时止损，大胆获利”的思维模式。除了这种心态改变，还需要调整自己的投资习惯和偏好。众所周知，心态、习惯和喜好是很难改变的。仅仅因为想要做出改变就要求一个人从任务导向型变成以人为导向型——这并非绝不可能，但确实需要时间和调整。

因此，更现实的方法可能是先过渡到中间风格，比如忙碌蜜蜂型或自我大象型，这取决于你更接近哪一种类型。这样做可以让你最终转至勤勉小鹿型之前有一个较好的长期盈利机会。

谨慎螃蟹型➡忙碌蜜蜂型

这一转型需要从“希望我的亏损重新盈利”的心态转变为“一旦达到预设额度，便及时止损”。没有人喜欢吃苦药，而及时止损，承担损失是最为痛苦的。然而，良药苦口利于病，当你犯错时及时止损通常对你的财务健康有益。

为了帮助你达到“及时止损”的心态，我建议你采用以下方法：先承担损失，重新评估，然后，如果你仍然想要的话，重新建立投资。这种方法可以迫使你面对自己的止损水平，并以一种没有负担的心态来审视自己的投资——这种心态不会因为你的亏损投资而受到偏见的影响。

如果你仍然认为这是一项正确的投资，你可以重新开始，设置一个新的止损和获利额度。因为你重新建立自己所止损的每一笔投资的机会相当小，所以交易成本不会因此增高，但你会因为对每一个投资都有清晰思路而从中受益。而且你会欣赏自己在必要时削减亏损的自律精神。你也许会发现许多投资需要及时止损，因为事态已经发生了变化。当你清醒地重新评估时，你会决定不再做这一类型的投资。遵循这样的转变，你会发现自己正在更有规律地减少损失，这是一种更接近于忙碌蜜蜂型的投资行为。

谨慎螃蟹型➡自我大象型

要实现这一转变，需要你从快速兑现利润的投资管理风格转变为让利润持续增长一段时间。首先，你应该设置一个不大于获利额的止损额。也就是如果你愿意冒险在一项投资上损失 1 美元，你的获利水平也不应低于 1 美元。理想情况下，它至少应该是 1.5 倍，也就是说，对于 1 美元的止损额，你应该将获利额设定为 1.5 美元。

这种转换适合那些认为减少损失是一项不可能完成的任务的投资者。通过这种做法，你可能仍然会发现自己放弃的投资造成了相对较大的损失，但至少你会试图推迟兑现盈利投资的利润，直至它们可以覆盖风险的额度为止。

要想成功实现这一转变，你必须做更多的功课，才能寻找到可以带来更大回报的投资，因为现在你不再着眼于小规模的收益了。这通常也意味着交易数量的大大减少，因为获得巨额收益的机会自然相对较少。但你为寻找这些机会所做的研究和努力，会逐渐让你成为一个对自己的选择更有信心的投资者，也就是自我大象型。

在这一章中，你完成的最重要的事情是发现自己的投资风格——无论你是一个积极型投资者或是一个消极型投资者，你的投资管理风格更为重要。现在，你已经知道了自己投资管理风格的优缺点，以及随着时间的推移，这对你的投资组合回报可能意味着什么。但只有在必要情况下，而且当你认为自己能真正适应的时候，才应该考虑投资管理风格的转换。

带着这样的理解，你现在可以着手考虑哪种类型的投资更适合自己了。如果你已经拥有一个投资组合，你会问自己这样一个问题："现在的投资组合适合我吗?"在接下来的几章中，我将说明如何定制适合自己的投资组合，如何在获得最大化利润的同时将风险保持在自己可以接受的范围之内，并通过最短路径帮助你实现自己的财务目标。

第二章　定义目标

现在，你已经对自己的投资性格以及投资管理风格有了清晰的认识，这意味着你离构建投资组合又近了一步。而下一步则是让你了解自己为何要这样做，以及如何这样做。为了帮助你更好地了解，我把这一过程分解为如下部分：

投资目标

资产类别

资产配置

投资目标

“我想赚钱！”

如果你在街上随便问一个人他为什么做投资（或想要做投资），这也许是你得到的最常见的回答。赚钱的方式有很多种，创业、朝九晚五的工作、开网店等。而你想要做的就是通过投资组合在“日常工作”之外赚钱。

但你赚钱到底是为了什么呢？是买一块劳力士迪通拿手

表，一个爱马仕的铂金包，一台保时捷卡雷拉，又或是一套梦寐以求的房子？对许多人来说，可能是为了早日实现财务自由，才可以尽情享受生活，或是早些退休。

通过解读这些欲望和需求，我们得出了决定个人投资目标的两大关键因素：目标回报率（我想要得到什么），以及时间（我何时能得到）。虽然每个人都想尽快实现目标，但是大多数人在计划实现自己的财务梦想时都非常明智且合理。在这种现象的背后是一种被熟知的常识，即实现财务梦想需要时间。一般来说，愿意投资的时间越长，可能收到的回报就越高。

为什么会是这样呢？因为如下几个因素都会随着时间而产生利润：

复利。利息为 7.2% 的投资在 10 年之后价值将会翻一番。所以越早开始投资，就越能从复利中获益。

期限溢价。短期证券的风险通常小于长期证券。因此，在所有条件都相同的情况下，长期证券往往有更高的回报。

流动性溢价。流动性溢价与期限溢价的相似之处是，需要投资者牺牲更多资金的流动性。如果一项投资无法在固定期限内轻易转换为现金，其回报必须更高以弥补流动性的不足。通常，非流动性期限越长，该投资所承诺的回报就越高。

波动。股票等资产的价格会随着时间的推移而上涨。然而，价格波动也时有发生。如果投资者只具备短期投资眼光，他将更容易受到日常波动的影响，并不愿意花时间等待股价反弹。而长期投资视野通常能更好地应对波动性，投资者也可以从资产价格随时间的升值中获益。

所以，为了得到更高的回报，我们需要更多的时间。这句话是一句普遍真理。虽然也有捷径可循，但是风险也同样更大。如果希望在短时间内赚更多的钱，你大可以去赌场或买张彩票。但我们都知道，以这种方式致富的可能性极小。你也可以以借贷的方式获得资金，并从杠杆的乘数效应中更迅速地获得收益。但是承担杠杆是一件高风险的事：你可能会非常迅速地赚到钱，但也可能赔得一无所有。利用杠杆当然是一条可行的途径，但前提是要你清楚自己在利用什么。

如果排除赌场效应和杠杆作用，我们还能怎样获得自己想要的回报呢？首先，让我们来看看你可能会投资什么。

资产类别

"我应该投资什么？"

大多数人都熟悉的是股票（也被称为证券）和债券（也被称为固定收益工具）。而这股票、债券、现金（以及现金等价物）可被大概称为传统资产类别。

除了上述三个传统资产类别之外，还有非传统或其他资产类别，如房地产、大宗商品、外汇、私人股本和对冲基金等。

在决定投资什么时，最重要的是要考虑你对资产类别或工具的熟悉程度。首先，不要投资自己不了解的东西。你可以从股票和债券等基本工具开始，熟悉它们的特点，通过广泛阅读和聆听来了解它们在经济周期中的走势，然后再去冒险尝试其他资产类别。

基础金融工具及其结构性产品的衍生品如今也很常见。请注意，大多数衍生品和结构性产品都是杠杆工具，因此，只有当你熟悉基础资产类别的特征之后，才应该对它们加以考虑。

大多数读者应该都已经对各种资产类别有了一定了解，在此我便不再详细介绍它们的特性，而是强调重点要素：

股票是目前全球最受欢迎的投资工具。由于股票的交易场所为证券交易所，它们具有透明性和流动性，投资者可以轻松入手。在过去20年间，交易所交易基金（ETF）的引入和激增，使得新手投资者无须了解每只股票基本面便可以进行股票投资。而且由于交易所交易基金多种多样，针对不同市场、指数、行业乃至子行业，投资者可以以一组股票的形式操作，而无须集中投资单一股票。

自2008年全球金融危机以来，受到低利率的大环境影响，**固定收益工具（或债券）**越来越盛行。投资者们对更高收益率的追求导致了债券价格的上涨，因此，随着时间的推移，收益率会逐步下降。由于主权债券收益率较低，导致投资者更愿意承担公司债券的风险，企业债券市场的价格也变得更加高昂。整体较低的收益率也迫使许多高净值个人利用杠杆来提高总回报。利率的逐步正常化必然会对未来的债券价格产生寒蝉效应。

对大多数人而言，**现金**并不是一个投资工具，只是一部分存放于银行的资产。然而这只是我们习惯的现金形式之一，其他现金等价物还包括货币市场基金、存单和商业票据。

由于目前长期处于低利率环境，这些现金工具的收益率几乎为零，也不像过去那么受欢迎。随着利率正常化和资产价格波动的回归，投资者会在过度波动期间寻找工具来存放和配置其待投资金，现金和现金等价物将可能很快会再次成为关注焦点。

房地产在亚洲是颇受欢迎的资产类别。实际上，许多亚洲人所做的首笔投资便是房地产，尤其是中国人。这也是中国房地产市场自21世纪初以来飞速发展的原因。房地产受欢迎的原因之一是，不像大多数其他资产类别，它看得见、摸得着。这给了投资者一种在别处无法获得的安全感。但房地产最大的缺点是它并非流动性的投资产品，需要非常长期的投资视野。因此，如果投资者只做房地产投资，则需要时刻留住流动资金以作应急之用。

外汇（FX）是一种经常被误解的工具，因为在许多人心目中都认为它非常不稳定。事实上，货币的波动远低于证券交易所中的单只股票波动。例如，在2017年，交易最频繁的欧元/美元货币的每月平均波动率约为5.5%，而苹果公司股票的平均波动率则约为16.5%。外汇市场波动的主要原因是几乎每个投资者都会使用杠杆进行外汇交易。这种杠杆通常高达 10 ~ 20 倍，因此，外汇市场的一个小波动会被放大 10 ~ 20 倍，使其看起来极不稳定。但在这样一个联系日益紧密的世界里，外汇风险几乎存在于我们投资的所有领域。即使我们不将它当作一种工具来交易，也绝不能忽视它，至少应该考虑对冲投资可能带来的外汇风险。

大宗商品是一种高度复杂的资产类别，对初学者而言很难理解，更别说有进行交易或投资的信心了。与外汇不同的是，大宗商品的波动性大都很高，甚至通常高于单只股票的波动性。由于交易员在大宗商品期货中持有杠杆头寸，回报率的波动性甚至会更高。如果你追求刺激，就想投资或交易大宗商品，我的建议是考虑投资黄金。多数其他商品都需要对潜在需求和供给进行更深入的研究才有机会成功，而如果你不愿意投入时间和精力，可以尝试像交易外汇一样交易黄金。虽然无法确保能够大获成功，但至少与投资其他大宗商品相比，不会那么轻易地被专业交易员碾压得毫无还手之力。

像**私人股本**和**对冲基金**这样的资产类别通常适合于经验更为丰富、经济实力更为雄厚的投资者。私人股本包括风险投资基金、私人股本基金，以及对私人企业和初创企业的直接投资。这些基金通常锁定期较长，资金投入后无法撤出，毫无流动性可言。因此，它们的风险很高，但如果你的选择是正确的，它们也会带来更高的回报。对冲基金是一种使用复杂算法、杠杆、复杂投资组合结构和风险管理工具的基金。通常为跨市场投资，尝试通过长短仓和相对收益等策略来利用市场的低效。近年来，由于对冲基金行业的爆炸性增长，对冲基金的回报率持续呈下降趋势，高度依赖基金经理的素质和所投资的市场。

我建议读者对上述资产类别多做一些了解，以确定它们的风险和回报特征是否适合自己。在《高净值投资》一书中，我已经详细介绍过这些资产类别。现在，请记下你熟知的资产类别，以及你愿意投资的资产类别。我们将在后面的章节中探讨如何构建投资组合。

资产配置（AA）

“那么，我该如何分散风险呢?”

现在你知道了自己熟悉哪些资产类别，以及最有可能做的投资，可是如何决定具体的资金分配？是应该只投资自己熟悉的资产类别，还是将风险分散?

如果你选择只投资一种资产类别，将你的全部财产寄托在它身上。那么当它收益很好时，你可能会容光焕发，欢欣鼓舞；但是当它收益不佳时，你可能会发现自己非但没有盈利，甚至离目标越来越远!

避免陷入这种困境的安全且行之有效的方法是分散风险。如果你认为股票和房地产都能帮助你达成目标，比如在未来10年内实现8%的年回报率，那么你为什么非要在两者之间做出选择，而不是同时进行投资呢？因为如果你将资金的50%投资股票，50%投资房地产，就不会受到其中之一亏损的影响。将这个概念扩展来说，最佳的投资应为3个资产类别以上，投资者可以根据自己对于资产类别的熟悉程度和成熟度将资产分配到4～6个资产类别，甚至更多。

研究已经证明，资产配置是长期投资组合表现的最大决定因素。换句话说，投资资产类别对回报率的影响远超于在股票投资组合中选择股票的优劣。那么，如何选定投资的资产类别呢？

如果你是一个投资天才，那么只要投资单一资产类别即可——随时挑选出表现最优的资产类别，在它上涨之前买入，在最高点抛出，再转向下一个即将上涨的资产类别，重复前面的步骤。如果真的可以这样该有多好啊……

现实情况是，我们远不能料事如神地判断资产何时会上涨，何时会下跌。研究也表明，鉴于个人无法永远正确地预测市场，将投资多样化才是解决之道。只要我们投资的资产类别随着时间推移不断盈利，谁又会在意孰先孰后呢？

显然，你的回报规模仍然取决于投资的资产类别，以及投资时间范围。由于我们并没有巫师的预言水晶球来持续预测市场动向，所以要根据自己的投资观念和时间范围偏好来投资多个资产类别。规则其实说来也简单——你的投资时间越长，抵御波动性的能力就越强。因此，你对于高波动性资产的配置越高，这些资产的回报率就越高。在股票、固定收益和现金等传统资产类别中，随着时间的推移，股票以更高的波动性为代价，产生了最高的回报。现金的回报率最低，但波动性很小，而固定收益则介于两者之间。因此，人们普遍有这样一种观念：你越年轻，就越应该投资股票。决定你的投资组合中股票应占比例的经验法则是：以 100 减去你的年龄。例如你 35 岁，那么在你的投资组合中，股票应占 65%。但这只是一个快速的简单计算，我们将在下文中继续完善。

如果多样化真的这么有效，我们的投资组合中不是应该有尽可能多的资产类别吗？这在理论上是正确的，但它取决于两个实际考虑因素——你对各种资产类别的了解程度，以及你自己的资产规模。如上文所述，如果你不熟悉某一资产类别或产品，请不要只为了追求多样化而去投资它。你可能会因此大为受挫，甚至一着不慎，满盘皆输。

从资产规模来说，资产越雄厚，就越可以实现多样化。那么，怎样才称得上资产雄厚呢？投资者又如何才能意识到自己将资产分配得过于分散呢？最好的判别方法是交易成本。大多数投资的交易费用都是按比例递减的。你的投资金额越大，手续费占交易金额的比例就越小。如果你发现自己为每笔投资支付的交易成本比别人高得多，那么你就很可能将资产分配得过于分散了。

冒着过于简单化的风险，以下是我对投资组合中资产类别数量的建议：

资产规模少于 100 万美元最多四种资产类别；

资产规模为 100 万 ~1000 万美元最多六种资产类别；

资产规模超过 1000 万美元你所熟悉的任何资产类别。

对于大多数散户投资者来说，最好从 2 ~ 4 种资产类别开始投资，即现金、股票、债券，如果你倾向于长期投资，最好加上房地产。

自上而下与自下而上的资产配置

你可能会读到许多关于投资组合管理的文章，其中大部分都将资产配置描述成一个自上而下的过程。它考虑了一个人的年龄、收入水平、财务承诺、投资目标、风险偏好等因素，并提出最适合个人的资产组合：

自上而下的资产配置是一个很好的概述，它概括了一个人的总体情况，即其资产类别和投资比例。同时，它提供了

一个全局观点，以及被广泛接受的多样化配置概念。

然而，自上而下的资产配置有一个重大缺陷，即缺乏每个资产类别中应该投资的额度。这就是从基本工具开始构建的自下而上型资产配置的意义所在：

对大多数投资者而言，通常以投资股票和房地产等资产类别开始，而没有去考虑更广泛的资产配置。如果你以前已经做过投资，那么事实上你已经有了一个“自下而上”的资产配置。请写下你所有的投资，看看自己的资产是如何分配的——这就是一个自下而上的资产配置计划！如果你以前从未投资过，那么从一个自下而上的计划开始，也不会那么令人胆怯。自下而上的资产配置计划存在的最大问题是，这些计划往往会集中在投资者熟悉的资产类别中，而忽略了其他的资产类别！

因此，最好的资产配置计划结合了自上而下规划的全局视角优势和自下而上规划的实际考量。投资者应比较自己自上而下和自下而上计划之间的差异，考虑差异出现的原因，并不断尝试通过调整这两项计划中内容的分配来调解差异，直到得出一个最终令人满意且符合自身投资性格的资产配置计划。

这样一来，你就会关注资产的多元化配置，这对于平衡、稳定地实现你的财务目标是绝对必要的。

第三章　性格影响收益

现在，你已经对自己的投资性格非常了解，并已经明确了投资目标。这也就意味着你已经准备好向着自己设计的资产配置计划和投资组合迈出重要的第一步。

根据一组投资目标来制订一个通用的投资计划相对简单，简单到大多数理财规划师手头都有几个现成的投资组合，他们可以在简短的面谈后为你挑选一个。当前的趋势是这一过程在逐步自动化，通过应用程序或称为“智能顾问”的电子顾问来完成。

理财规划师和智能顾问所做的基本上是自上而下的资产配置，有些挑选市场和行业，有些甚至一路深入到挑选某只特定证券。无论研究深入程度如何，这种自上而下的过程都是有效的，因为它通常基于对各种资产类别和证券长期回报的测试数据，随后再根据投资者的年龄和风险状况等进行优化。在许多情况下，他们推荐的投资组合都处于投资专业人士所称的“有效边界”。从本质上说，他们所推荐的投资组合在最适合投资者的风险水平上具有最高的预期收益。

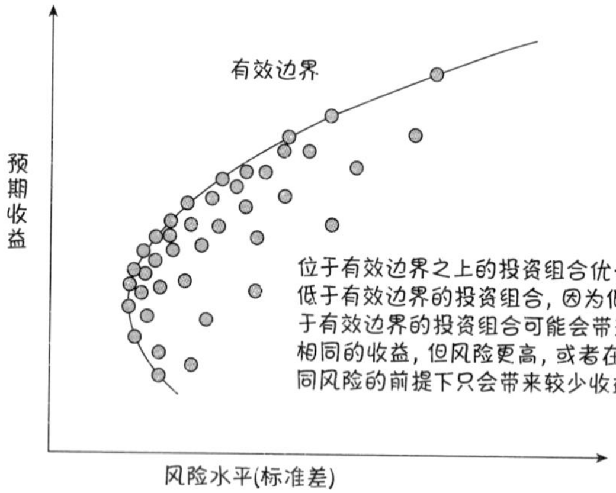

有效边界通过将不同资产类别和相互之间相关性低或不相关的证券组合起来，创建一个多样化的投资组合。从投资者愿意或可以承担的风险出发，构建预期收益最大化的投资组合。反之亦然，可以首先通过有效边界设定目标回报率，然后求解风险最小的投资组合。

资产配置也与其大同小异。它将不同预期收益的资产类别和不同组合的波动性结合在一起，以产生对每种风险配置达到最高预期收益的投资组合。例如，假设你是一位35岁的年轻在职高管，在风险偏好评估中被评为“高级”，那么为你建议的最大化预期收益的投资分配可能是65%股票、30%固定收益以及5%现金和现金等价物。如果再深入一些，理财规划师可能会在选择市场和广泛行业方面提供进一步指导来帮助你构建投资组合。

如果你打算从这一步骤着手开始自行构建投资组合，那种广泛的自上而下资产配置法，以及粗犷的市场和行业选择是否足以让你完成这一任务？大多数散户投资者可能依然困惑不已，无从下手。在这一过程中，主要缺失的部分是每种资产类别的细节选择。例如，如果你选择投资股票，该如何决定要购买蓝筹股、小盘股、指数股，或是股息股，等等？你应该专心于本国股市，还是关注美国股市等其他市场？如果你选择了后者，那么是否应该考虑对冲汇率风险？这些都是你在构建自己的投资组合之前需要回答的问题。

投资者很容易会误认为推荐的投资组合是优化的，是根据自己的年龄和风险偏好提供的最佳组合。事实上，大多数人都不知道潜在的波动性意味着什么。只有经历过持续一段时间的跌落或负回报后，他们才会坐下来认真思考自己的投资组合结构是否合理。到那时，有些人可能会考虑现有投资组合是否真正符合自身风险偏好、投资偏好和投资管理风格。

请不要等到这种事发生之后才去考虑现有的投资组合是否适合自己。

投资管理风格——关键因素

在设计投资组合时，你的投资个性，尤其是你的投资管理风格（IMS）非常重要。但事实上，在关于项目组合构建的考量中，投资管理风格恰恰是经常被忽略的部分。许多理财规划师和顾问仿佛都认为风险偏好相似者也会以同样的方式行事，但事实绝非如此。

让我们来看看两个老同学的故事：A 和 B 从小一起长大，毕业后作为管理培训生就职于同一家大型跨国公司，在同一时间升职，拿着同样的薪水。他们甚至有着相似的资产和投资目标，而唯一的不同之处就是投资管理风格：

	A	B
个人资料	年龄：35 岁 年收入：20 万美元 流动资产：100 万美元	
投资目标	50 岁退休 资产达到300 万美元	
投资管理风格	谨慎螃蟹型	勤勉小鹿型

A 和 B 都想构建并管理自己的投资组合。考虑到他们的相似背景情况，如果他们去咨询理财规划师或智能顾问，很可能会被建议进行相同的资产配置和投资组合。然而他们不同的投资管理风格，却不会反应在他们所填写的问题卷或面谈时的反馈中。随着时间的推移，他二人相同的投资组合理应会产生相似的回报。但这种情况会发生吗？

他们各自的投资管理风格概况如下：

A（谨慎螃蟹型）：选择及早兑现利润，且不会及时止损。

B（勤勉小鹿型）：选择及时止损，并尽量在兑现前获得更多利润。

如果他们用同样的股票和债券来构建各自的投资组合，并积极进行管理，最终会得到同样的回报吗？让我们考虑这个问题可能出现的三种情况。

情况一

A 与 B 最初的投资组合中都仅有一只股票：在香港上市的汇丰控股（HSBC Holdings PLC）。他们都在 2017 年 1 月 3 日以 63 港元/股的价格买入了汇丰股票。下图为该股票 2017 年走势。

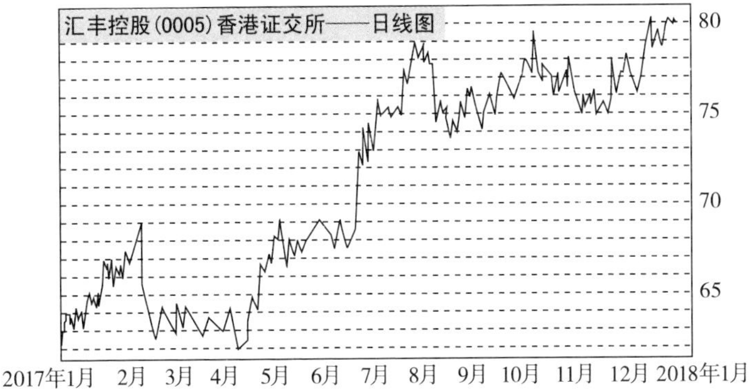

资料来源：辉立证券集团股票曲线图

如果 A 与 B 都积极管理自己的投资组合，你认为他们 2017 年底的回报率分别会是多少？

鉴于 A 是谨慎螃蟹型的投资管理风格，他可能在 2 月份某个时间便兑现了利润，因为汇丰股价在当时已经上涨至 66 港元。或者即使他当时没有卖出，也可能在 5 月初汇丰（HS-

BC）股价反弹至 2 月份的 69 港元高点时兑现利润，或是 6 月末，汇丰股价大幅跃升过 70 港元时兑现利润。这就是谨慎螃蟹型风格投资者的特点——只要条件允许，他们便会兑现利润，尤其是在他已经因价格波动而经历了一段时间的焦虑之后。

属于勤勉小鹿型投资管理风格的 B 则会做出不同选择。如果汇丰股价下跌，他可能会卖出以及时止损，但幸运的是 2017 年该股全年交易价格从未远低于他 63 港元的成本，因此他很可能不会减持。考虑到勤勉小鹿型投资者对利润的偏好，B 可能会将汇丰银行的股票一直持有到 2017 年底。

到 2017 年底时，A 的回报率将介于 5%（以 63 美元买入，以 66 美元以上卖出）和 16%（以 73 美元左右卖出）之间，取决于他何时卖出股票；而随着 B 继续持有汇丰银行的股票，他的市值回报率将达到 27% 左右。

由此可见，尽管 A 和 B 的起点相同，结局却大不一样。两者都得到了正回报，但 A 所获的收益远低于 B。这个例子表明一个人的投资管理风格对他的投资回报有直接的影响。

情况二

让我们来看另一种情况。A 与 B 同样以一只股票开始投资，而这一次，他们投资了在新加坡上市的吉宝公司（Keppel Corp.）。两人都在 2017 年 3 月 1 日以 7 新元/股的价格买入了吉宝股票。

资料来源：辉立证券集团股票曲线图

由于吉宝公司股票在 3 月初的交易价格低于 7 新元，A 当时不会获利，而且很可能会在 3 月中旬至 10 月中旬的跌势中一直按兵不动。当吉宝股价回升至每股超过 7 新元，并进一步升至每股 7.50 新元时，可以推测 A 很有可能在 2017 年 11 月初左右该股横盘交易时，或在 11 月中旬吉宝股价再次下跌时卖出以兑现利润。

对于 B 而言，由于吉宝公司股票在买入后不久股价便下跌，他很有可能会在 5 月或 6 月股价跌破 6.50 新元时便决定止损。

到 2017 年底时，A 和 B 很可能都不再会在其投资组合中持有任何吉宝股票。A 的回报率约为 7%～8%（以 7 美元买进，以 7.5 美元以上卖出），而 B 很可能亏损 7%～8%（以 7 美元买入，以 6.5 美元以下卖出）。

对于 A 来说，这个投资使他受益——他很幸运，因为吉宝股票在他的成本之上反弹。而对 B 来说，结果则很糟糕——尽管他减少了损失，但他没有重新确立自己的投资定位。如果 B 对吉宝股票的价值做了重新评估，并在不久后重新投资吉宝股票，例如在 9 月底时以 6.50 美元左右买入，那么他将于 2017 年底得到与 A 相似的回报率。同样地，这个例子也说明了这一点：由于投资管理风格不同，A 和 B 的回报率可能不同。

情况三

这一次我们假设 A 与 B 只投资了在纽交所交易的通用电气公司股票，并在 2017 年 3 月 1 日以 30 美元/股的价格买入。

以下是通用电气 2017 年的交易情况：

资料来源：辉立证券集团股票曲线图

由于通用电气在 3 月份之后的交易价格持续低于 30 美元，因此 A 无法获利，很可能在 2017 年期间一直坐待良机。

而对 B 来说，通用电气股票从 4 月底便开始低于其成本交易。B 很有可能会在 5 月中旬以 27.50 美元左右的价格止损，或在 7 月以 26 美元左右的价格止损，最晚不迟于在 8 月中旬至 9 月初期间的 24 ~ 25 美元价格时卖出。

到 2017 年底，A 的市值回报率为 -40%（以 30 美元买入，2017 年底通用电气股票交易价为 18 美元左右），而 B 的回报率则为 -8%（30 美元买入，跌破 27.50 美元时卖出）和 -20%（低于 24 美元卖出）之间。

A 和 B 都有亏损。A 的账面损失为 40%，而 B 则及时减少了损失。如果 B 仍然认为通用电气的股票值得投资，他可以任意以更低廉的价格重新购入该股票。虽然他们都处于亏损状态，但是这个例子表明 B 相较于 A 处于更好的状态之中。A 显然已经陷入困境，并可能终日焦虑于如何处理通用电气的股票。

综合情况

最后，假设 A 和 B 的投资组合中都有上述 3 只股票，并且由于这 3 只股票相关性较低，组合收益预期在风险最低的情况下产生最高收益，因此被选为最优投资组合，如果 A 和 B 的表现符合上述 3 种情况，他们 2017 年底的收益又是否会相同？答案是只要他们对每只股票的价格走势可能做出不同反应，最终结果便很可能大相径庭。

上述情况清楚地表明，不同投资管理风格的投资者对经济情况的反应不同，因此最终也会得到完全不同的回报，就算为其拟定了相同的初始投资组合，也应再针对投资者的不同投资管理风格做出进一步优化。

性格导向投资组合

无论是否遵循有效边界，所谓的“最优”投资组合可能并不总是适合所有人。如上文所示，即使对于两个背景和目标相同，仅在投资管理风格上有所差异的投资者而言，结果也会大不一样。受自身性格特质的影响，我们对市场情景的反应不同。因此，我们投资组合所得到的最终结果不仅会受到资产配置的影响，还会受到投资管理风格的影响。

这并非是说最优投资组合不可取。根据投资时间和风险偏好，不考虑个性、情绪或诸如知道何时止损及获利的资金管理能力等，最优投资组合应该是最佳的资产配置或广泛的证券选择。但我们毕竟是人，会受到投资组合影响，也会因盈亏产生情绪波动。因此，我们很容易在最糟糕的时间选择兑现利润或止损——经过反复测试的优化模型绝不会这样做。

那么，该如何构建并实施投资组合，才能使其得以承受我们的个性特质，并针对我们的投资性格和投资管理风格中的优缺点？在接近最优投资组合所建议配置的同时，需要做什么样的改进才能使其与我们的风格实现持续匹配？

我将这种定制的投资组合称为“性格导向投资组合”（PDP）。性格导向投资组合的前提是：

投资组合如果不符合你的性格，尤其是你的投资管理方式，将无法承受短期波动。

无法承受短期波动的投资组合将很难长期持有。

无法长期持有的投资组合将使你无法获得复利等收益。

投资组合如果无法享受复利带来的收益，将在长期投资中表现不佳。

因此，以性格为导向的投资组合专门针对你的投资性格，尤其是你的投资管理风格而设计，是一种为你量身定制的投资组合。如果设计得当，这一组合会使你时刻感觉舒心，并可以长期依赖；另一方面，如果投资组合与你的性格不匹配，那么它随着时间推移几乎会不可避免地走向失败。

当前形势

目前，多数理财计划都很少考虑性格因素这一点，是一件很匪夷所思的事情。在当今传统的自上而下资产配置组合构建过程中，理财规划师或智能顾问通常会查看投资者的基本信息和财务状况，然后针对每个资产类别来给出“标准化”建议，包括表现良好或预期表现良好的市场、行业和证券等。他们可能会与投资者就投资选择的预期回报和风险进行更深入的讨论，以及他是否对建议的选择满意，但这些讨论的重点主要是关注行业和证券选择的前景以及预期表现。几乎从不会以任何有意义的方式去考虑或讨论投资者的个性因素。

但是，如果你不打算积极管理自己的投资组合呢？个性因素仍然重要吗？如果你并非自己管理投资组合，而只是同意提供给你的证券选择，并允许你的理财规划师或其他专业投资顾问为你管理，通常就比较简单了。因为远离了日常的证券执行和监控，所以你的性格对投资组合的直接影响较小。

然而，如果你的投资组合表现不佳，你的个性仍可能促使你改变计划或者更换顾问。因此，你将面临与投资管理风格的 4 个象限带来的相同问题——如何处理“盈利”顾问？如何处理“亏损”顾问？你是否应该坚持继续与那个“失败”的顾问合作，期望他能扭转局面（谨慎螃蟹型/自我大象型）？还是及时止损，换一个表现更好的顾问？（忙碌蜜蜂型/勤勉小鹿型）？

我发现，投资者越来越愿意考虑自行积极管理投资，这一趋势可能是由于近年来活跃基金经理相对于各自的基准回报率表现不佳所致，也可能是由于以低成本复制指数的交易所交易基金（ETF）逐渐普及，且易于获利。因此，投资者越来越倾向于购买交易所交易基金，而非把资金交托给职业经理人。

无论你是否打算用交易所交易基金来取代职业基金经理，你仍然需要了解自己的个性如何影响自己构建和管理投资组合的方式，因为这是不可避免的。

我们在上文中讨论过，在传统的投资组合构建过程中，投资者的个性几乎从未被纳入考虑，这就是最大的问题。在构建以性格为导向的投资组合时，应该将性格因素分析到资产配置过程之中，并纳入投资组合设计。

在接下来的几章中，我们将看到在构建自己的性格导向投资组合过程中，可以采取怎样的具体步骤来保证其适应自己独特的个性。

第二部分

性格导向投资组合

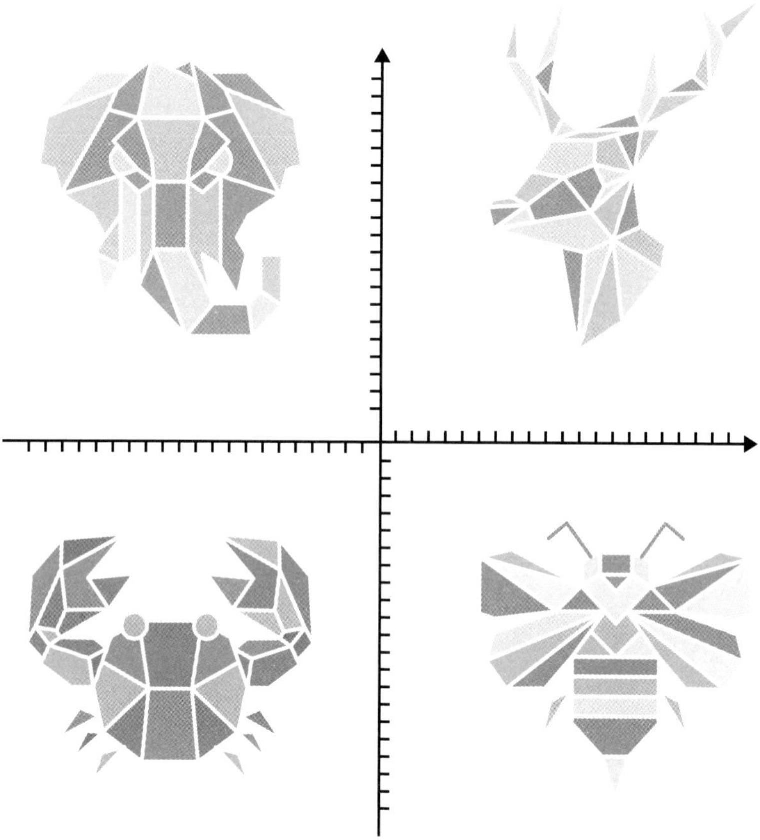

第四章　股票策略

在第一部分中，我们确定了自己的投资性格，包括自己是否更像一名交易员还是一名保守投资者；是积极投资者或是消极投资者，以及所属的投资管理风格。你已经明确了自己的投资目标，并清楚地认识到了自己的投资性格会如何影响资产配置和构建投资组合的方式。

在第二部分中，我们将继续研究如何构建最适合自身性格的投资组合。我们将讨论如何就涵盖普通投资者及高净值投资者大部分资产敞口的三种传统资产类别——股票、固定收益投资和现金来创建定制投资组合。

在一般人的资产配置中，股票的权重通常最大，因为股票的长期回报率较高。但构建股票投资组合不仅仅是要练习如何挑选出股票，更具有战略意义与可持续性的做法是，首先要考虑自己可以采用何种策略参与股市交易。因此，在我们开始构建股票投资组合之前，需要先了解一下目前使用较广的股票策略。

市面上有各种各样的股票策略，从技术分析到基本面分析，价值型投资到成长型投资，大盘股到小盘股，短期交易到长期交易，长短期策略，相对价值策略以及上述任意或全部策略的组合。这些所有的炒股策略充斥在大量的投资文献之中，为免读者产生困惑，我在此不再一一对其进行详解了，而是从中归纳总结出了三大策略。在我看来，这三种广泛的策略为大多数投资者都提供了一种兼具实用性、可实施性，以及多样化的方法。

这三大策略为：

收益率（分红）策略

长期资本收益策略

短期交易策略

收益率（分红）策略

策略目标

顾名思义，这种策略追求的是高股息收益率。虽然股息收益率“高”的判别标准因市场而异，但总的来说，我认为股票的股息收益率至少必须高于该国的 10 年期债券收益率。此外，该股票股息收益率至少应为 1 年无风险利率值的 2 ~ 3 倍，才可以被认为是高收益股票。

如何实现

大公司（大盘股或蓝筹股）通常会支付高股息。这些公司通常在成熟的商业领域运营，增长潜力不大。因此，在几乎没有增长机会，也无须将资金投入新业务领域的前提下，很大一部分利润通常作为股息支付给股东。

在新加坡等市场，有一种REITs的股票，即房地产投资信托基金（Real Estate Investment Trusts），这种股票收益极高，因为这些公司必须将其收益的至少90%作为股息支付。新加坡房地产信托投资基金的股息收益率通常在5%～7%，这个数字使其成为极有吸引力的投资。

注意事项

如果一只股票只是碰巧在一年内支付了特别高的股息，那么并不意味着它便一跃成为高股息股票。我们追求的是持续的、有据可查的年复一年高股息的业绩记录。在这方面，“一成不变”的低增长大盘股是寻找高股息收益率的好去处。由于其规模较大，它们往往在高股息支付上更为可信和可靠。

虽然高股息股票往往是大盘股，但我们不应放松警惕。因为如果其所在行业增长潜力很小，那么这些低增长股票很可能会下跌。如果股票的收益或利润在下降，或者收入明显处于下降趋势，不要仅仅因为它继续支付高额股息就继续持有。请记住，即使是高股息也无法弥补股价下跌带来的损失！

利弊权衡

虽然股票背后的公司及其股票价格可能处于低增长或无增长状态，但你可以获得高额股息。这显然不是成长型股票，不要指望它在市况好时会大幅上涨；但反之亦然，在整体市场下跌时，其股价也不会像其他股票那样一落千丈。这些股票往往更多出自公用事业和成熟消费品等“防御性”行业。如果股票为你所期待的股息，且股价保持稳定，也是一桩美事。

请记住，你投资的是股息收益率股票，而你所追求的是稳定的现金流，以及尽可能小的基本股票波动。

长期资本收益策略

在任何策略中，当然都应该追逐“资本收益”，但是请注意，此策略的关键是“长期”。这意味着我们不会追求短期资本收益。我们将这里的长期定义为至少 1 年，理想情况下甚至更长。在寻求长期资本收益时，我们应关注两种股票——成长型股票和价值型股票。

成长型股票策略目标

成长型股票通常来自涉及成长型业务的新公司。这类股票包括但不限于初创企业和科技股，至少在过去几年中，此类股票涨幅持续高于 10%。这种增长可能来自于它们的利润、收入，或客户获得。它们可能处于盈利状态，也可能并未盈利。事实上，近年来大多数成长型股票公司都在大力发展业务，以至于它们更加注重市场份额与招揽客户，而经常出现亏损。

根据定义，成长型公司会将其所有利润（如有）重新投入到业务中。因此，在其成长期间几乎没有任何分红。评估一只几乎或根本没有利润的成长型股票需要很大的信心。要在 3 ~ 6 个月的时间里看到或确认他们的承诺和执行能力并非易事，因此作为投资者，你需要有耐心，并给他们足够的时间来证明自己。

如何实现

寻找成长型股票相对容易，因为它们往往是新公司，在其利润、收入以及客户获得方面都有很高的两位数增长。它们在增长性业务领域运营，如技术或医学研究等，通常不会支付太多股息，有时候甚至完全不支付。

通常，成长型股票的市值往往较小。然而，随着科技股“独角兽”的激增，有越来越多的成长型股票市值达到数十亿美元，且仍以高达两位数的倍数在持续增长。

注意事项

这是一个长期战略，所以如果你打算持有某只股票至少一年的时间，你应该对自己的研究和选股非常有信心。即使经过广泛的研究，你的选择也并不会总是正确的，所以更不能在未经过适当研究的情况下便购买一只股票，并希望它能够随着时间的推移而表现良好。

成长型公司在试图发展时面临着许多风险，比如消费者接受度低、资金消耗快、竞争激烈、监管力度大，或者仅仅是执行力不佳。对于初创企业和成长型企业来说，这是很常见的情况。当你持有股票的公司发生这种情况时，你应该以一个局外人的角度对其进行重新评估，再决定自己是否还要继续持有。很重要的一点是不要固执己见，要意识到有些股票根本不会像你最初设想的那样大获成功。如果你的评估得出该股票前景不乐观的答案，那么你必须决定要继续持有还是计划抛售。

利弊权衡

我们追求的是长期资本收益，尽管投资者往往更倾向于眼前可见的收益，但请不要期望成长型股票在你买入后会成倍上涨。当然，有些成长型股票可能会像虚拟货币那样在几周内大幅上涨，但这只是个例，并非常态。

成长型股票几乎不派息，所以持有再多成长型股票也无法带来任何现金流。持有成长型股票的目的绝对是为了获得资本收益。股息股票不会以倍数上涨，但从长期来看，成长型股票却肯定有这种可能。简而言之，股息股票带来现金流，而成长型股票带来潜在资本收益。

价值型股票策略目标

价值型股票是指由于市场周期或其他不明因素而导致市价低于其内在价值的股票。它们通常不具有高波动性，原因很简单，如果它们的价值每天都在大幅波动，那么将它们归类为“价值型”股票便站不住脚了。这些股票往往来自资本相对充裕、业绩记录稳定的企业，投资者们可以很轻松地根据自己的投资历史及其同行业情况对其进行估值。

估值偏低的两个常见决定因素是：股价市盈率（P/E）较

低，以及股价低于账面价值（市净率，即 P/B < 1）。这些股票受到价值投资者的追捧，他们预计一段时间之后，股价便会回升至合理估值。如果想要更深入地了解价值投资，**本杰明·格雷厄姆**（Benjamin Graham）所著的**《聪明的投资者》**（*The Intelligent Investor*）一书不失为一本好教材，正是在这本书中提出了安全边际的概念。

需要明确的是，那些无辜受恶性事件牵连而不得不进行短期或暂时抛售的股票并不属于价值型股票。我们所寻找的其实是与历史记录相比，明显受到低估的特定股票或板块。可能是受到周期性或其他负面因素影响，或是市场由于某种原因而没有对其做出关注，也可能是股票已经出现了值得对其重新评估的发展趋势，而市场却忽视了该趋势，或反应过慢。这些因素通常需要时间来发挥作用，虽然可能并不会长达一年，但投资者应做好等待更长时间的准备，以使那些价值型股票发挥出在你看来“真正”的价值。

如何实现

价值型股票比成长型股票更难识别，因为对你来说有价值的股票可能对另一个投资者来说恰恰相反。你可以从市盈率较低的股票入手，以常用估值工具对其进行评估，如市盈率（P/E）、市净率（P/B）、股价现金流量比（P/CF）、企业价值倍数（EV/EBITDA）或任何其他对你有用的估值矩阵等。但是除了计算这些比率的绝对值之外，你还应该将这些比率与股票自身历史、行业历史与主流趋势进行比较，以便更全面地了解其估值。

最重要的是，你不应该只分析比率，而忽略了其他事。你必须更好地了解其基础业务，并确保估值不足不是由于部门或业务的结构性下降。

注意事项

你做出的某只股票估值过低的评估可能不会被广泛市场所接受，而这只股票也许会在很长一段时间内保持低值，甚至再次跌至“估值更低”的水平。这就是为何你早期的研究和你对研究的信念至关重要的原因。如果你一开始没有做大量研究，你可能无法长期坚持自己“估值过低”的观点，你的信念也肯定会严重动摇。但如果你确实做了广泛的研究，而该股长期以来仍表现不佳，你可能需要检查一下自己的最初假设，并重新评估公司的基本面，确认自己之前是否错过了什么盲点。我要再次重申的一点是：不要固执己见，要认识到事态会随着时间的变化而有所不同，当事态发生变化时，你可能不得不调整自己的买入/持有/卖出决策。

利弊权衡

期望价值型股票在短期内实现价值翻倍是不现实的。股票极少会被如此低估。当你投资价值型股票的时候，不应该期待奇迹发生。因为它需要更广阔的市场转向观点来看到它的价值，所以在你买入之后，价格很少会迅速跳涨。在这个策略中，耐心是至关重要的。

有些价值股也许会支付高股息，有些不会，这并不是价值股的考虑因素。然而，我们可以权衡持有成长型股票和价值型股票之间的利弊。如果你的决策正确，那么成长型股票可以确保更高的资本收益，因为它可能会以倍数增长，但同样地也伴随着更高的波动性。如果决策正确，价值型股票可能会缓慢上涨，但通常只有两位数的涨幅，很少会达到倍数上涨。不过同样的是，下跌速度也并不会太快。简而言之，成长型股票具有巨大的资本升值潜力，但同时具有高波动性；而价值型股票则上涨幅度相对较小，但同样下跌幅度也会小很多。

孰优孰劣，或两者兼有？

与价值型公司相比，成长型公司通常规模更小，更灵活，而价值型公司往往规模更大，总体上也更稳定。成长型公司可能尚未产生利润，但价值型公司通常会产生相对稳定的利润，使其被视为“有价值”。投资成长型公司是一种高风险、高回报的策略，而投资价值型公司则风险较低，但同样地回报潜力也较低。

我的观点是，在你的长期资本收益策略投资组合中同时拥有这两种类型的股票是一种很好的多元化操作。其中的重要原因之一是许多市场经常在偏向成长型股票和价值型股票之间摇摆。因此，两者兼备则可以使你拥有多样化的投资组合，还可以使你不必苦苦猜测市场偏好。如果你在选择成长型股票和价值型股票时正确率大于错误率，那么你将获得长期资本收益。

投资者需要考虑的是在这个策略中如何正确组合。从广义上讲，如果你更厌恶风险，应该考虑多持有一些价值型股票，但如果你承担市场损失的能力更高，那么可以考虑持有更多的成长型股票。在第六章中我将结合投资管理风格对这一点进行详细说明。

短期交易策略

短期交易策略是指以产生短期收益为目的而进行的股票交易。该策略的重点是“短期”，而非上文中的长期策略。以下是一些常见的次级交易策略：

主题交易

相似效应交易

错误定价交易

技术交易

投机交易

接下来我们将一一做出解读：

主题交易策略目标

主题交易策略，即针对特定主题的交易。这一主题可能是经过充分研究或基于某种信念而得出的。例如，如果投资者过去几年中一直关注新加坡房地产市场，他发现了新加坡市场购买兴趣与价格的突然上升，那么他自然会形成新加坡的房地产价格即将发生反弹的想法，从而在这一主题下选择一些房地产开发商股票，并为此承担其背后的大量风险。请注意，这并非是没有任何依据的推测性投机行为，因为它仍然涉及一定数量的研究或有根据的猜测，而不是随机挑选股票进行交易。

交易的主题也可能基于情绪或当时的发展趋势。例如，在2003年“非典”疫情暴发期间，每个人都想购买口罩和保健品。显然，口罩制造商、医院和医疗保健类股票的表现都会优于平时。投资者可以利用这一点在疫情暴发之初买入这些股票，并在疫情结束后卖出，实现基于单一主题的盈利。

如何实现

主题无处不在，但是你能否发现它们？而当一个主题过于明显，人尽皆知时，该主题通常已经在受影响的股票价格中反映出来了。你要做的是在大多人注意到之前便发现主题。在这一点上，接近市场或熟悉相关事物或者主题是很有帮助的。

再次以新加坡房地产市场为例，如果你看到自己定期关注的特定房产交易价格上涨，你可能会得出总体价格很快就会上涨的结论。这便是由于对房产主题熟悉而产生的观察结果。实现这种观点的最佳时机是在房地产市场指数发布前买入。如果你在指数发布前便买入地产类股票，而该指数确实变得更高，那么你就可以坐观大盘反应，地产类投票飙升。

这是一个新加坡中型开发商豪利控股有限公司（Oxley Holdings）的真实案例：该公司以先人一步发现房地产趋势而闻名。2017 年 9 月，新加坡房价自 2013 年年中以来已持续下跌近 4 年。新加坡的 2017 年第三季度住宅价格指数预计将于 2017 年 10 月 2 日发布。在该计划发布之前，已有迹象显示，由于新楼盘的推出和房价的上涨，房地产交易量出现了回升。如果你一直关注房地产主题，并发现了这种突然出现的回升，那么你就可以在预定的价格指数发布前买入豪利公司的股票。下图为豪利公司股价指数走势图。

资料来源：辉立证券集团股票曲线图

在 10 月 2 日的住宅价格指数发布之后，豪利公司的股价上涨了，但幅度很小，因为市场在争论当时的上涨究竟是股市持续下跌之后终于迎来的转折点，或者仅仅是短暂回温。随着越来越多的分析师将其评估为转折点，该股继续上涨。数据公布后的一个月，豪利公司股价从 0.417 美元涨至

0.564 美元，涨幅达 35%！请注意，在这种情况下，你甚至可以在数据发布之后购买该股票，因为该主题股票当时尚未被广泛持有。无论采取哪种方式，你都可以在确认该主题已经充分被市场消化之后便兑现利润，可能是一周，也可能是一个月。

主题不一定是可以影响整个行业的大发展，比如房地产市场等，它也可能只对一只或几只股票有影响。

以下是一个主要影响一家公司的“小”投资主题案例。在 2017 年第三季度，苹果公司在同一天发布了苹果 iPhone 8 和 iPhone X。iPhone 8 于 9 月底开始预售，然而销售额却令人失望。市场反应是在 9 月 20 日当周抛售苹果股票：

资料来源：辉立证券集团股票曲线图

一些分析师认为，iPhone 8 的销量表现不佳是由于消费者在等待购买性能更高的 iPhone X。如果这种分析正确，那么低于预期的 iPhone 8 销量将意味着 iPhone X 的销量增加，这对苹果来说是件好事。如果你也相信这个理论或主题，你便会买入下跌的苹果股票。以下是苹果 10 月 27 日 iPhone X 预购开始以及 2017 年 11 月 3 日正式发布的股票价格图。

资料来源：辉立证券集团股票曲线图

苹果股价在 10 月 27 日大幅上涨，因为当时的预购销售表现优于预期，证明了上述分析的正确性。这个案例的主题很简单，但是获利颇丰。它只是表明，如果你做了足够的研究，并很好地把握了潜在的主题，你仍然可以在作主题交易时稳赚不赔。

注意事项

选定的主题可以很快被证明对错，所以当事实证明了你已经犯错的时候，请不要执迷不悟。在上面的苹果公司例子中，在 10 月 27 日 iPhone X 预购开始的那天，你应该便可以知道自己的选择正确与否。如 iPhone X 的销量比预期的还要糟糕，那么真的无须继续等待下去便可以知道自己做出了错误投资。

某些主题可能较不明确，或者需要时间才得以确认。在这种情况下，你应该密切关注任何可能导致你改变投资行为的变化。主题的变化也极为迅速，所以你必须时刻警醒，以免错失良机。

相似效应交易策略目标

相似效应股票是指股价在商业、行业或市场上落后于其他同类的股票。究其原因，可能是多种多样的，包括业务重点不同、经营不善、商业模式不同等。后发/相似效应股票不一定与其他股票共同进退，但通常情况下，股市中同一行业或板块的股票会有相似的行情起落。

如何实现

同一板块或同一行业的股票走势往往趋于一致。如果某只股票的波动幅度比平时大得多，你应该找出原因，分析这只股票的波动是否合理，并考虑该行业的其他股票是否也会如此。同样的分析也适用于股票在特定主题上的走势。

再次以新加坡房地产行业为例，如果在价格指数发布后，房地产价格明显回升，人们可以合理地预期整个新加坡房地产行业将会升级。如果你发现这个主题的时候已经晚了，你会怎么做？你可以观察所有地产类股的相对表现，思考为什么有些股票比其他股票上涨得更多，并努力确定那些落后的股票是否值得投资。虽然市场是普遍有效的，但有时市场在发展趋势中对股票做出正确定价的速度较慢。这就是你自己的研究可能会带来交易机会的时机。

资料来源：辉立证券集团股票曲线图

城市发展（CityDev）是新加坡的蓝筹股。让我们来看看它的股价对 10 月 2 日发布的价格指数有何反应（见上图）。在数据发布后的 3 天内，城市发展的股价几乎没有上涨，而豪利公司的股价上涨了约 13%。城市发展在新加坡的住宅地产开发中表现活跃，如果你确信新加坡的住宅价格已经开始上涨，那么城市发展的股价涨幅就没有理由远远落后于豪利公司。如果你决定在数据发布 3 天后的 10 月 5 日购买城市发展，那么以下是 10 月 5 日前后两只股票的相对表现：

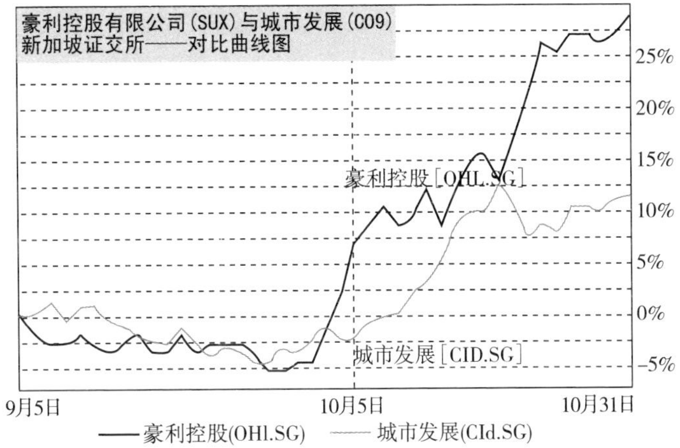

资料来源：辉立证券集团股票曲线图

在接下来的两周之间，像变魔术一样，股价低迷的城市发展公司重现了豪利控股的反弹。到10月19日，你买进的城市发展已经上涨了12%。

这个例子表明，即使你错过了某个主题或趋势的出现，如果你的嗅觉足够灵敏，去寻找那些可能出现相似效应的落后者，仍然有钱可赚。

注意事项

同一板块或同一行业的股票走势趋于一致，但幅度不一定相同。某只股票先行并不意味着其他股票也会跟随。投资者必须首先了解价格波动背后的推手，才能决定推动价格波动的因素是否也同样适用于该行业的其他股票。

除了推动整个行业的因素外，还有一些独特的因素推动每只股票。显然，如果一只股票是由于这种独特因素而产生了变动，那么该行业的其他股票就不会随之而动。在任何时候，一只股票背后的驱动因素都是多种多样的，因此，在进行后发/相似效应交易时，你必须确保驱动先行股票的因素也同样适用于落后股票。请注意上面比较城市发展和豪利公司股票相对走势的图表中，这两只股票的价格走势在10月21日之后出现了分化。也许在当时还有其他的因素继续推动豪利公司股价上涨，而该因素却不适用于城市发展。如果我们在10月21日之后盲目地玩后发/相似效应落后交易的游戏，将会大受打击。

错误定价交易策略目标

出于多种原因，股票在短期内有时可能被“错误定价”。常见的一种情况是，投资者对一些好消息或坏消息过于激动，做出过度买入或卖出的反应，从而导致股票超出其公允价值。当这种情况发生时，警觉的投资者可能会考虑利用暂时的错误定价，采取与其相反的操作。请注意，此处所指的并非价值型股票，因为价值型股票的特点是由于结构性或周期性问题而造成的中长期估值偏低。需要注意的是：要准确评估一条消息的影响是极其困难的，因为每个人的解读方式不同。投资者必须依靠经验、常识、估值技巧，甚至是直觉来识别任何可能的错误定价。

有时，由于并购或公司行为等技术因素，可能会出现微小的错误定价。例如，如果股票A有1∶2的配股发行，则可以预见股票价格会在除权日下跌。股价下跌的幅度取决于股票 A 为认购配股而提供的折扣。系统交易员可以利用除权日的任何错误定价来卖空股票，直到接近理论价格为止。而一旦达到理论价格，系统交易员将会回购股票以锁定利润。

如何实现

我们提到了两种错误定价。第一种是主观的，它来自于投资者对于某只股票是否符合其公认价值的预估或是直觉。从重要的经济新闻或股票新闻着手是一个不错的切入点，当一则新闻出人意料时，就意味着错误定价的机会。

另一种错误定价则更客观，因为它具有广泛接受的数学计算基础。在上述股票 A 的 1∶2 配股发行例子中，理论除权价格可以计算如下：

理论除权价格	=	股票市值	+	配股筹集现金
		配股后股份数量		

因此，如果每股交易价为 1.50 美元，而给现有股东每股 1∶2 的配股价格为 1.00 美元，那么意味着股东每持有 2 股，就有 1 股股权。如果公司在配股前已发行 1000 万股，则：

配股前的股票市值 = 1.50 × 1000 万 = 1500 万（美元）

配股筹集现金* = 1 ×（1000 万／2）= 500 万（美元）

理论除权价格 =（1500 万 + 500 万）／（1000 万 + 500 万）

= 1.33（美元）

* 以售空计

在除权日当天，反应迅速的系统交易员会利用不知情的散户投资者，在散户以 1.5 美元的原价买进股票后，在当天收盘前便锁定利润。因此，寻找这类错误定价股票的明显方式应该是具有公司行为的股票，如配股、红利发行、股票分割等。

注意事项

与其他交易策略相比，错误定价交易可能需要最强的数学和技术能力。投资者需要对数学计算和估值有绝对把握，以利用任何潜在的错误定价。你不仅必须百分之百地确定公司行动的执行价格等技术细节，还需要很好地把握诸如“市场是否反应过度?”等定性因素，以在交易中做出经过深思熟虑的决定。

在使用这种策略进行交易时，几乎没有犯错的余地，因为你所处理的是微薄利润，尤其是在对公司行为进行判读时。因此，你必须不断地寻求新的技术或主观信息，永远不要自满。

技术交易策略目标

利用技术图表是一种被广泛接受的交易技术。你可以使用头肩形态和趋势线支撑/阻力的经典模式来指导操作，还可以使用更复杂的技术，例如艾略特波浪（Elliott Wave）计数和德马克（DeMark）指标。我更偏好于简单的技术和模式，因为我认为技术指标起作用的关键原因之一是，其他交易员看到的也是相同指标，因此做出了同样反应。模式越简单，就越有可能为更多人所理解，并做出同样的反应。换句话说，我认为技术交易的运作方式算是某种形式的自我实现预言。

请注意，技术交易并不仅限于交易股票的价格行为。它还可以基于与股票相关的其他工具或指标的图表。例如，人们可以根据原油价格买入或卖出航空公司股票，因为原油价格对航空公司的运营成本有着巨大的直接影响，有时甚至占运营成本的50%。因此，投资者可以在油价萧条时买入航空股，并在其处于上升趋势时卖出。

如何实现

就像交易中的主题一样，关于买卖的技术模式和信号无处不在。借助如今随处可见的电子工具，你甚至可以按照自己的偏好创建技术交易工具系统。例如移动平均线或之前的高点和低点，并将相同指标应用于自己关注的所有股票。当某只股票达到你设定的水平时，将会收到采取行动的提示。此类工具和应用程序的激增使得技术交易比以前更加自动化，也不再那么费力。

另一种方法是手动查找图表模式，例如头肩形态——这是应用程序尚不擅长的事情。

如果你纯粹基于技术模式进行交易，那么你可能对标的股票并不了解。在这种情况下，你的选择面可能遍及整个股市。虽然这样做并无不可，但我仍建议只针对熟悉的市场和熟悉的股票进行交易。

注意事项

图表和可以提示我们进行交易的应用程序无疑会使我们得以更为轻松地进行技术交易，但这并不等同于更容易赚取利润。如今，在许多技术交易基金中，电子系统已经取代了人类，而系统的反应速度比人类要迅速得多。一些系统还进行了优化，以防范人类的预期行为，这使得人类更难通过交易技术信号来获取利润。

尝试在速度上击败系统是毫无意义的，因为那绝无可能。这些系统倾向于日内交易，也就是说它们会在同一天内买入并平仓。系统每天可以进行成百上千次这样的交易，因此我们不应该试图在日内交易中打败他们，而应尝试以数天或数周等稍长的持有时间进行交易。在这些交易中比拼的并非是速度，所以系统与我们相比不会具有那么多的优势。

然而，随着系统交易的出现，以技术图表来指导交易的利润越来越少。技术交易员的成功之道不是因为他们的技术强大，而是因为其具有良好及自律的资金管理能力。他们知道永远不要冒着 1 美元的风险只为了赚 1 美元，而且在减少损失方面可以冷静处理。只有通过这种纪律严明的方法，技术交易员才有机会在这个系统交易的时代生存下来。

投机交易策略目标

如果我们为了交易而做出买入行为，但购买的原因并非上述交易策略之一，则称为“投机”。有些时候我们买入股票是因为认为它在上涨，这可能是我们从朋友那里得到了最新消息，也可能是无意中听到了一些谣言，或者根本没有理由，而全凭“直觉”。如果一个人无法明确表达购买的理由，那便是投机行为。然而，投机交易并不一定总是基于提示或直觉。

也许对于股票会上涨或下跌的猜测是来自于一个有效基础，该基础可能是因为某种结果而产生的有据猜测，又或是由于情绪变化或其他原因而对短期波动的押注。

例如，如果一家公司意外宣布出现重大亏损，你可以预期公众会立即抛售其股票。如果你反应够快，能够抓住机会先人一步将自己的股票卖空，然后预期会有更多的人随后抛售，那么你实际上是在推测短期的下意识反应。

很多人都有投机或赌博的欲望，这似乎是与生俱来的。这类似于希望彩票中奖，或赌球，又或是去赌场碰碰运气。和赌博或带着希望投注一样，只要你不过度沉迷或押上全部身家，它通常不会造成毁灭性打击。投机交易与赌博很相似，因为你如果大赚了几笔，往往会回去想赚更多。也许只有你吃到了苦头时，才会考虑抽身。

如何实现

由于投机交易可以说完全无须理由，你可以随时随地找到机会进行交易。但是请关注那些起码有一定基础可以推测出股票会出现波动的交易。

如果你认为今年 11 月 11 日在中国的“光棍节”促销活动将会是另一个重磅炸弹，会打破去年的销售纪录，那么这种观点可能会让你在 11 月 11 日之前买进阿里巴巴的股票，如果这种观点是基于可靠的研究，那么它便不是投机交易，而可能更接近于“主题”交易。但如果它是基于猜测，或者仅仅是由于你对阿里巴巴执行力的坚定信念而产生的预期，那么它就更接近于投机行为。

上面的例子是与事件或新闻相关的典型投机交易。投机者希望在公司公布业绩前便做出投资定位。他们按照自己的观点在数据发布之前便预设了价格定位，但在数据发布后，无论是否盈利，他们都通常会卖出。对投机交易者来说，经济数据发布日是另一个令人兴奋的时刻，因为数据发布必然伴随着波动，这为交易提供了完美的环境。

注意事项

市场上有不同类型的投机交易者，从兼职的家庭主妇新手交易员到全职专业交易员或日间交易员都有。识别他们并非易事，但总的来说，那些推测经济数据的人往往更专业。他们通常做好了充分的准备，知道市场对经济数据的预期，并准备好了计划。

如果你根据“小道消息”来进行交易，请务必小心。因为未知来源甚至其他投机交易者的消息质量良莠不齐。我不主张根据小道消息来做交易，但我知道许多人都这样做。如果你也是其中一员，我的建议很简单：不要把你的大额财产押在任何小道消息上，即使这个人提供的前十个消息都是准确的。请记住这一点：如果你因为这些小道消息赚了钱，并非因为你很聪明，而是因为你很幸运；而如果你因此赔了钱，是因为你自己天真地相信了它们。事后回头看来，你可能会觉得自己很愚蠢，如果你不想感到愚蠢，请不要这样做。

利弊权衡

以上五种常见的短期交易策略各有利弊，其中最关键的因素是流动性。毕竟，作为短期交易策略，以最小的下跌和交易成本进出仓位的能力至关重要。想象一下，如果你试图使用错误定价策略，发现买卖价差已经超过了你想要套利的范围，又怎么可能行得通呢？

这五种策略都有其独特的风险和回报特征。他们没有固定的风险和回报设置，而是完全取决于使用者。如果自我大象型投资管理风格的投资者使用此处所列出的任何策略，他在做出正确与错误判断的时候会得到很高的收益或损失；而一个忙碌蜜蜂型投资者即使使用了相同的策略，收益和损失也会较小。

此处的权衡利弊更多地与策略风格相关，因为这些策略无法被融合在一起使用。很难找到一个投资者精于全部五种策略，因为它们完全不同，甚至有些互相矛盾。既然没有人能在这五种策略中都出类拔萃，最好的办法就是找到最适合自己的投资性格和投资管理风格的策略。具体做法我将在关于投资管理风格的第 6 章中进行详细说明。

所以，我们研究了五种常见的短期交易策略，其中每种策略都迎合了不同的交易风格。冒着过于简单化的风险，这里有一个告诉你最适合自己投资性格和风格的指南：

如果你偏向于受基本面驱动，那么你更倾向于主题交易。

- 如果你是精于数学，可能会更偏向错误定价交易和后发/相似效应交易。
- 如果你喜欢图表，你显然会成为技术交易的拥护者。
- 如果你是赌博爱好者，那么投机交易会是你的选择。

在这里，没有“最佳”，甚至没有首选策略。如果它对你来说有效，那么就使用这个策略。你必须对自己的交易原因、交易基础以及交易方式感到满意。强迫自己采取一种与自身个性不相符的交易方式，从长远来看是行不通的。

为什么我要把短期交易策略作为三种投资策略之一呢?我并不是说你必须要进行短期交易，但我也意识到有许多投资者只喜欢进行短线交易。我坚信我们无法轻易改变自己的性格，也不太可能改变自己的投资偏好。通过明确五种不同的短期交易方法，我试图帮助投资者更好地集中注意力，更好地思考，并更好地制定应对市场的策略。

许多投资者喜欢短线交易，是由于短线交易带来的兴奋感，以及当他们做出正确决策时随之而来的吹嘘资本。有人会说：“我一个星期就在 X 股票赚了 50%！”当然，很多人都隐瞒了自己在同一周内股票 Y 也损失了 50% 的事实。如果你的短线交易很成功，当然没有理由要求你停止这种做法。我不是为了评判，而是希望可以为投资者提供清晰思路、建议和策略，帮助你在任何自己选择的投资方式中做得更好。

基本交易与技术交易

你可能已经注意到，我没有将策略划分为基本交易与技术交易两个大类，虽然这可能是对交易方法进行分类的最通用方式。这样做是经过深思熟虑的，因为我认为用这种方式划分界线毫无意义。

如果你喜欢技术交易，当然可以只参照自己所交易的股票价格图表，而不使用其他任何东西，这是纯粹的技术交易。不过，如果你开始查看原油图表，并以此来决定航空股的买卖，这仍然是纯技术交易吗？如果你使用波罗的海干散货运价指数（BDI，衡量原材料运输成本的航运和贸易指数）来交易海运或造船类股票，这仍然是纯技术交易吗？你如何知道其他价格图表可能会影响你交易的标的股票价格？这难道不是基于基本原理吗？

我们生活在一个数据易于获取、挖掘、处理和评估的世界。如果我们能够利用所有这些数据来帮助自己完善基于单一价格图表的纯技术交易，那么为什么不这样做呢？因此，尽管我们称自己的策略为技术交易，但也并非只基于单一价格图表的纯粹技术交易，而是一种广泛的方法，包括可能影响标的股票价格的所有其他图表。

如果技术交易不是纯粹的，那么其他四种短期交易策略又有多倾向于基本交易呢？主题交易策略是围绕某一主题进行交易，在研究一个主题时，应该结合趋势，数字和最有可能的图表来解读发展的趋势或主题。虽然无须在这些图表上绘制趋势线，但仅看模式和方向也肯定可以算作简单的技术分析。

相似效应交易的策略无疑是比对至少2只股票的技术价格走势图。否则你又如何判断谁是落后者呢？要让这一策略生效，投资者必然以他的主题或想法为基础（基本），并用这个主题来判断其他股票是否在价格方面处于落后地位（技术）。

错误定价交易几乎是纯粹的基本面因素，因为它往往基于数学公式而非图表。然而，我们不排除这样一种可能性，即一些交易员的“过度投资”交易可能有些技术性，部分依据来源于比较其他股票过去对类似消息的反应。如果不利消息导致一只股票下跌10%，那么类似不利消息导致这只股票下跌30%，就是不合理的“错误定价”。

至于投机交易，也许确实可以基于任何因素，无论是基本面、技术，直觉或是上述因素的组合。

显而易见，将自己局限于纯基础或纯技术的层面，效果可能适得其反。无须如此束手缚脚，而是应该大胆地利用一切可以利用的工具和方法来为自己的投资增加优势。

简单回顾，在本章中，我们将目前广泛使用的各种股票策略分为三大类：收益率（分红）策略；长期资本收益策略和短期交易策略。在下一章中，我们将阐述如何将这些策略纳入构建股票投资组合之中。

第五章　股票投资组合

现在，我们已经准备好构建性格导向投资组合之中的股票部分。如果你的理财规划师或智能顾问建议你的整体资产配置应包括 50% 股票、40% 债券和 10% 现金，那么现在你所要做的是更加深入一些，以决定这 50% 的股票配置应包含什么。

要建立性格导向投资组合，应该把个人性格和投资管理风格融合在构建过程之中，最终得出长期适合你的投资组合。

构建性格导向投资组合的过程包括以下四个步骤：

步骤一：地区/国家

步骤二：市场行业

步骤三：部署策略

步骤四：证券选择

步骤一：地区/国家

第一步是考虑自己打算在世界上的哪个地区投资，然后是具体国家，再确定该国家内的特定市场。在这个关键时刻，你无须考虑自己目前投资市场的能力；相反地，应该专注于自己的愿望与机会所在。

例如，你可能并没有交易美国纳斯达克股票的账户，但如果你认为那是一个机会，而且你确实想投资纳斯达克的高成长型科技股股票，那么现在别让没有账户这一问题阻止你，而是先将它作为一种可能性纳入考虑范围。在最终的候选名单中，你可以再去考虑是否能够解决技术和逻辑方面的难题。

在这个关键时刻，你不应该被自己在某些市场的投资能力所限制，但也不应该过于雄心勃勃地过度扩张，尤其是对于那些你的确知之甚少的地区或国家。实际上，个人投资者可以做到定期跟踪的市场数量是有限的，请不要涉足太多的市场，以免顾此失彼。

可以多考虑一些发达市场。如果你身处于亚洲，却考虑投资阿根廷的布宜诺斯艾利斯证券交易所，就很可能会有些力不从心了。同样地，如果你住在加拿大，对菲律宾证券交易所投资也并非明智之举。你应该问一问自己，涉足地球另一端的新兴市场优势何在。那里的市场并不像美国那种发达市场一样高效且活跃，因此对当地情况的了解对于获得优势至关重要，而你具备这些知识吗？

在选择地区和市场时，你的性格也起着很大的作用。如果你是一个活跃类型的交易者，你可能更愿意花时间去研究你感兴趣的新兴市场。但如果你是一个被动的保守投资者，那么如果你涉足本地区以外的发达市场，会令我十分惊讶，更不用说投资一个遥远的新兴市场了。所以当你在选择自己可能感兴趣的地区、国家和市场时，请谨记自己的性格和局限性。

步骤二：市场行业

对于自己的投资最终短名单上所列出的每一个市场而言，你是否对其中你所希望参与的行业有着自己的看法？目前，广为人知的行业分类方式，共分为 11 种：

①金融
②非必需消费品
③信息技术
④房地产
⑤工业
⑥能源
⑦材料
⑧医疗
⑨电信
⑩必需消费品
⑪公用事业

前 9 个行业通常被认为是周期型行业，后 2 个行业则是防御型行业。在 9 个周期型行业中，最后两个行业——医疗和电信——正逐步趋近于防御型行业。

周期型行业是对经济周期敏感的行业，它们的股价涨跌与经济表现和商业周期一致。

必需消费品和公用事业等防御型行业的企业受经济周期

或市场低迷的影响较小。因为无论经济状况如何，人们都还是必须吃饭，即使经济衰退，也还是需要打开电灯。因此，与周期型行业股票相比，防御型行业股票往往比较平稳，波动性较低。在经济衰退时，防御型行业的股价下跌幅度较小，在经济繁荣期的反弹幅度也较小。

不要过于纠结决定投资哪些行业，行业分组只是为了将数以千计的上市股票分类，以便帮助投资者能够关注较小的类别，并比较同一行业内不同公司的相对表现。

如果你很难在这11个行业中做出选择，则请先根据经济的商业周期来考虑选择周期型与防御型。周期型行业往往在经济复苏的早期阶段表现更好，并随着经济增长的逐渐成熟日趋平稳；而防御型行业则恰恰相反，它们在商业周期的后期表现更好，并会在经济衰退期间表现得极为出色。

从过去的经验来看，在经济周期的早期阶段，金融和非必需消费品往往表现最好。信息技术、房地产和工业紧随其后，并在周期中期持续良好的表现。随着经济增长的成熟，能源和材料行业将大放异彩，医疗和电信行业也是如此。当经济开始走向衰退时，医疗和电信行业将继续表现良好，但在衰退期间，真正表现出色的行业是公用事业和必需消费品。

为便于参考，以下是经济增长周期各阶段表现优异行业的简图：

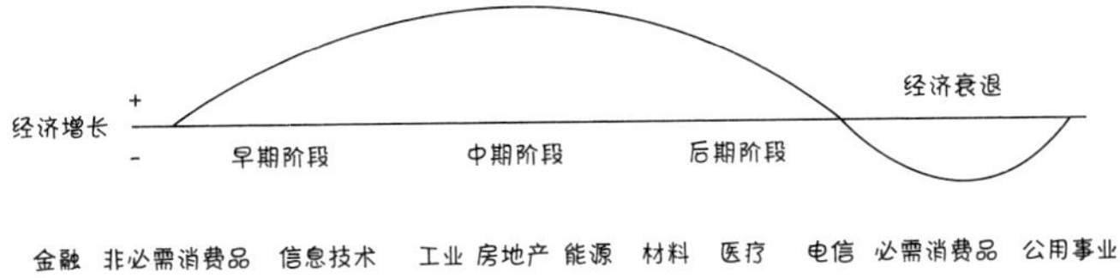

以新加坡股市 2017 年的各行业表现为例：

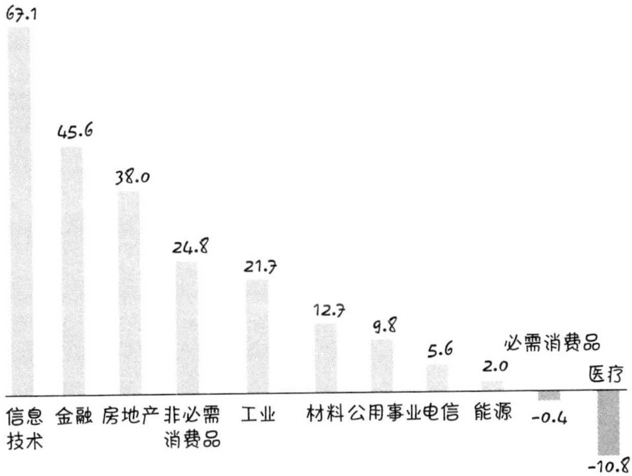

行业领军企业平均收益率

2017 年，新加坡的 GDP 飞速增长，远高于此前最乐观的预期增长值 3.5%。由于经济复苏，以及对全球经济同步复苏的乐观情绪，信息技术、金融、房地产和非必需消费品四大表现最好的行业与早期周期的预期相符。

不同行业（整体而言）的波动性往往大不相同。一般而言，周期型行业往往比防御型行业更具波动性。例如，IT 行业以其高波动性而闻名，而公用事业行业则以其“一成不变”为特点。如果你是一个被动的保守投资者，认为投资高波动性行业令人生畏，那么当你认为现在的经济周期处于上升期开端的时候，你能做些什么来减轻这种担忧呢？一种方法是选择波动性较小的行业，因为这些行业仍将在经济周期的早期阶段带来收益。例如，你可以不去选择信息技术行业，而是投资波动性较小的非必需消费品行业。或者你也可以选择在波动性较大的领域进行额度较小的投资。

对于最被动、最保守的投资者而言，你甚至可以无视当前所处的经济周期阶段，而直接选择投资几个波动相对较小的行业。例如，投资者可以从多个行业入手，包括非必需消费品、工业、医疗、电信和公用事业等。通过多元化的行业风险敞口，无论经济周期如何变化，任何一个行业的波动性都将受到其他行业反向波动的抑制。然而，如果这样做，你的投资组合表现将受到影响，并几乎将会使步骤二变为多余，因此这实际上是最后的手段。

对于其他大多数更为积极的投资者，我绝对建议你仍然考虑市场所处的经济周期阶段，选择在该阶段表现最好的行业，并根据该行业的波动性调整你的资产配置。因此，如果你没有准备好应对信息技术行业的高波动性，你可以给它分配一个比非必需消费品更小的权重。在大多数情况下，这应该可以弥补你的性格风险和回报偏好。

步骤三：部署策略

你已经完成了投资市场筛选，并对哪些行业在当前经济周期中可能表现良好有了确切想法。大多数理财规划师或顾问现在会建议你开始选股。

等一等!

这正是你应该考虑股票投资组合整体策略的时候。如果你跳过这一阶段，只关注那些自己认为在所选行业和市场中表现较优的股票，最终得到的会是一个或多个你认为在当前经济环境下表现良好的行业随机股票组合。除了从行业角度考虑之外，没有其他重点。

如果我们处于牛市之中，所选的股票应该会升值。但如果我们进入了横向盘整或熊市呢？如果投资组合价值有潜在损失，你会怎么做？如果你是需要现金流的退休人员，这些股票可以满足你的需求吗？投资或仅定位于资本增值的股票组合缺乏多元化，而正确的多元化股票策略正是我们在下文中将要分享的。

在第四章中，我们确定了三种广泛的股票策略，现在可以将其用于实现多元化的投资组合。上文中的三大策略是：

收益率（分红）策略

长期资本收益策略

短期交易策略

每一种策略中都包含可以细化的次级交易策略。例如，在长期资本收益策略中，如果你对成长型股票的风险感到不安，可以选择只投资价值型股票。在短期交易策略中也有各种次级交易策略，如相似效应交易和主题交易等。你需要选择最适合自己的次级交易策略。

仔细思考一下这三种广泛策略：它们涵盖了三个角度——收益率、长期资本收益和短期交易。它们提供了稳定的现金流、长期收益和短期回报。这基本上涵盖了股票作为资产类别所能获得的所有回报类型。在这三种策略中，有哪些策略是你所不愿意在自己的投资组合中出现的？这三种策略是否适合你的性格？你心中是否有着排序？

如果你是一个被动型、保守型或者厌恶风险的投资者，你的策略中肯定会希望自己的投资组合有收益率，并可能希望组合中有着具备长期资本收益潜力的股票，在此范围内，你可能更倾向于价值型股票而不是成长型股票。你可能不太喜欢短期交易。

如果你是一个积极的、偏好风险型的投资者，你可能会倾向于短期交易策略，并辅以一些长期资本收益策略。你可能会认为收益率策略带来的效果过于缓慢，甚至有些无聊。

作为一个普遍原则，尽管每个人都有不同的性格、风险和回报偏好，但我认为，在一个多元化的组合之中，至少将收益率和长期资本收益策略结合起来才会带来很多的好处。这两种策略尤其适用于具有较长投资期限（5 年或更长）的投资者。随着时间推移，这些策略将基于历史回报，共同产生可观的收益。再加上复利效应，应该可以使得投资者的股票资产获得良好增长。

对于那些喜欢刺激，享受短期交易的投资者，我仍然建议在你的投资组合中使用收益率和长期资本收益策略。除非你非常擅长交易，否则由于波动性强的原因，短期交易策略不应占据投资组合的100%。如果投资组合中兼有收益率和长期资本收益策略，即使它们只占整体投资组合的一小部分，也会为你的短期交易带来一些收益、稳定性和多样化。从长期来看，多元化的投资组合的单位风险报酬率更高。

在这个阶段，你应该基于自身的性格来了解自己倾向于部署的股票策略。至于每种策略的分配，很大程度上取决于你对短期交易的好恶。鉴于短期交易并不是每个人都喜欢，以下是我建议的大概配置：

收益率	30%～50%
长期资本收益	30%～50%
短期交易	0%～50%

这只是一个简单的准则。在第六章，我们将针对你的特定投资管理风格来进一步细化配置。

步骤四：证券选择

你已经完成了投资市场选择，你清楚哪些行业在当前经济周期中表现更好，你知道最适合自己的股票策略。现在，你已经走到了构建性格导向投资组合的最后一步。

在“股票策略”一章中，我们已经针对三种推荐策略分别介绍了如下细节：策略目标，如何实现，注意事项及利弊权衡。

其中唯一缺少的是证券选择过程。现在，让我们针对这三种策略进行分别分析。

收益率（分红）策略

大多数证券交易所会提供每只交易股票股息数量和股息收益率等数据。因此，可以很容易地将自己的股息标准应用到股票上，并得出符合标准的股票清单。

可应用的标准包括：

a. 最近 x 年的股息收益率 > y%；

（其中，y 通常设定为高于 10 年期收益率，或者至少为 1 年期无风险利率的 2 ~ 3 倍）

b. 最近 x 年的股息数量减少不得超过 y%；

c. 最近 x 年的股息数量必须至少增加 y%。

上述任一标准或其组合均可用于过滤在交易所上市的股票。一旦得出短名单，投资者便可以用自己的主观标准，或可能有的其他客观标准继续进行筛选，以得到最终的候选名单。

主观标准可能包括：

a. 对股票或公司的熟悉程度；

b. 对该股票或公司的过往经验；

c. 对股票或公司的看法；

d. 任何关于股票或股票所在行业的负面消息。

其他的客观选择标准可能包括：

a. 股票股息的波动性/收益率；

b. 股票市值（市值越大则越安全）。

在应用所有筛选标准之后，便可以得出基于收益策略的股票清单。请注意，此时应偏重股息部分，而不要过于重视股票所在行业。在每个行业都会有大型、稳定、成熟的公司，每年支付高额股息。当然，如果该股票恰好属于在当前经济周期阶段有望表现良好的板块，那么可能带来的股价上涨也是收益之一。

长期资本收益策略

根据你的性格和风险偏好，你可能会在成长型股票和价值型股票之中做出选择。它们以不同方式产生长期回报，因此，尽管可以做出不同的比例调整以适应自己的性格，但若能两者兼备才是明智之举。在这种策略中，两者兼备会形成良好的多样化态势。想要筛选这两类股票，需要查阅历史财务报表。在大多数交易所，这些数据应该都可以轻松获得。

成长型股票

适用于筛选成长型股票的客观标准包括：

a. 过去 x 年的收入增长必须 > y%（y 应至少高于行业平均增长率）；

b. 过去 x 年的利润增长（或亏损下降）必须 > y%；

c. 在过去 x 年中，客户获取率增长必须 > y%。

通常，符合标准的股票不会太多，投资者可以反复优化标准，以确保自己有足够多的股票可供选择。在此基础上，可以应用进一步的客观和/或主观标准来选择股票。

主观标准可能包括：

a. 对股票或公司的熟悉程度；

b. 对该股票或公司的过往经验；

c. 对公司领导力的看法（领导力是成长型公司的关键）；

d. 公司的竞争对手是谁？与他们相比，这家公司怎么样？

e. 在你看来，这只股票真的属于成长型行业吗？

f. 公司过去 x 年的增长是昙花一现还是可持续下去？

其他的客观选择标准可能包括：

a. 公司增长的波动性——其增长波动性有多大？这只股票是真正的成长型股票，还是从亏损或低收益/利润的情况下反弹的股票？

b. 股票的流动性；

c. 股票市值（风险意识）。

股票的名单最好稍长，以应用上述主观标准及客观标准进行筛选，以确保最终名单由你彻底检查过并颇有信心的股票组成。

价值型股票

有些股票具有绝对价值，有些则具有相对价值。绝对价值股票是指基于自身基本面而言价格较低，值得购买的股票。相对价值股票往往是相对于同行，或对在同一行业或行业内运营的其他公司而言价格较低的股票，但相对于自己的公司或基本面而言价格却未必便宜。

绝对价值股票更难获得，尤其是在牛市之中，因为大多数股票都会有一定幅度的上涨。相对价值股票比较容易找到，而且往往被多空经理利用，他们购买估值过低的股票，并卖空估值相对过高的股票。

有很多方法可以过滤价值股。

可应用的共同客观标准包括：

a. 价格/收益 < x，或企业价值/税息折旧及摊销前利润（EBITDA） < x（理想情况下 x 应为个位数）；

b. 价格/账面价值 < x（理想情况下 x 低于 1）；

c. 负债/流动资产 < x（用于估算公司的流动性）；

d. 过去 x 年每股盈利增长。

使用多个标准筛选股票以供考虑的做法并不罕见，进一步的主观及客观的标准可以被用来继续调整列表。

主观标准可能包括：

a. 对该股票或公司的熟悉程度；

b. 对该股票或公司的过往经验；

c. 公司的竞争对手是谁？与他们相比，这家公司怎么样？

d. 股票被重新评估或再次被看好的原因是什么？

e. 是否有新的业务或举措来提高盈利能力？

其他的客观选择标准可能包括：

a. 股息——价值型股票趋向于支付稳定的股息；

b. 公司现金及流动资产（流动比率 > 1）；

c. 股票质量/公司——价值型股票的质量往往高

于平均水平，可以用公司信用评级（例如标准普尔评级或穆迪信用评级）或市值来衡量这一点；

d. 股票的流动性。

评估一只股票是否“有价值”是相当主观的，因为你在把自己的估值标准与市场估值相比较。要想坚持下去，必须坚信自己的估值技巧是可靠的、全面的，并且能够经受住时间的考验，坚持到市场认可、证实你对于估值偏低的看法的那一天。

就像收益率策略一样，尽管一只股票在短期内可能表现更好，你不必只选择那些在当前经济周期中有望表现出色的股票。很有可能出现这种情况：你所选择的成长型股票来自于当前的“热门”板块，而价值型股票则来自于被忽视的板块。

交易策略

每个次级交易策略的选股过程都大不相同：

主题交易

投资者以主题开始，选择相关股票进行评估。根据主题的不同，这种搜索可以是主观的，也可以是客观的。例如，如果你的主题是“推动人工智能将增加芯片需求”，可以列出所有芯片制造商作为备选名单，并评估它们中的哪些公司拥有最佳策略或从该主题中获益的最佳机会。

你可以只购买最优的公司股票，或全部购买，这取决于你对主题和股票估值的信心。

相似效应交易

投资者通常以主题开始，然后在这个主题内选择价格滞后的股票。因此，选股过程类似于相对价值交易，只是它在更短的投资时间范围内完成，更强调的是技术价值而非基本面价值。

错误定价交易

通常要求投资者选择那些正在进行配股等公司行为的股票，或因新闻发布而经历短期波动的股票。只要密切关注新闻和公司公告，便可以利用其他散户投资者可能不知道的任何可能的错误定价。

技术交易

适用于任何股票。选择你所熟悉的股票，更重要的是，选择那些流动性强、交易量大的股票。你也可以设置自己的技术交易参数，使用合适的应用程序将其应用到你想要的股票上，并交易那些被应用程序标记为符合标准的股票。

投机交易

本质上是你为股票选择设定自己的规则。它可以基于任何标准，也可以不基于任何标准。只要你的选股流程对你有效，就没有人能质疑其有效性。

总结

就是这样，按照上述四个步骤，你现在已经创建了自己的性格导向股票投资组合。该投资组合综合考虑了你的投资性格，并根据你的需要构建了市场、行业、策略和股票的投资组合。

接下来我们还有一件事要做。到目前为止，我们还没有真正考虑过投资管理风格对投资组合的影响。在下一章中，我们将研究如何将投资管理风格整合到性格导向投资组合中。

第六章　投资管理风格

你已经完成了创建第一个性格导向股票投资组合的四个步骤。在列出了打算投资的股票后，你是否还觉得缺少了什么？以下是一些你在这个阶段可能会问自己的问题：

我应该为每种策略选择多少股票？总共应该选择多少只股票？

每只股票我应该投资多少？是否等量？

我要多久监控一次所选股票的价格？

我应该何时从股票中兑现利润或及时止损？

这些都是需要解决的重要问题。它们影响着你如何调整自己所购买的股票，以适应投资管理风格。显然，你分配给股票的投资金额将决定你能持有多少股票，但这仍然没有告诉你应该持有多少股票，每种股票又该投入多少资金。你必须考虑每天实际分配多少时间来监控股票的表现。你所持有的股票越多，波动性就越大，你也就需要分配更多的时间来监控它们的走向。更重要的是，你必须决定是否愿意花时间和精力来积极监控股票。最后，虽然大多数人知道如何选股，但他们并不知道何时卖出。

这就是你的投资性格，是你的投资管理风格发挥作用的地方。它将帮助你回答这些问题，并指导你构建性格导向的投资组合。简单地说，如果你不考虑自己的投资管理风格，你的投资组合可能会在几周或几个月后失去作用。

将投资管理风格应用于股票策略

到目前为止，我们只考虑了你的一部分投资性格来构建性格驱动投资组合。你的性格导向投资组合现在可以满足你的主动或被动投资性格，以及监控、交易股票的频率与积极程度。我故意暂时忽略了投资管理风格，因为这需要对你的性格导向投资组合进行更精细的校准。现在，让我们通过将投资管理风格整合进性格导向投资组合来对其进行微调。

让我们来重温一下四种投资管理风格：

	问题八－A 等待反弹	问题八－B 及时止损
问题七－A 获得最大利润	 自我大象型	 勤勉小鹿型
问题七－B 及早兑现利润	 谨慎螃蟹型	 忙碌蜜蜂型

这四种投资管理风格与三种股票策略有不同搭配：

	自我大象型	勤勉小鹿型	谨慎螃蟹型	忙碌蜜蜂型
收益率（分红）策略	✓✓✓	✓✓	✓	✓
长期资本收益策略	✓✓	✓✓✓	✓	✓
短期交易策略	✓	✓✓	✓	✓✓✓

注：✓✓✓非常适合；✓✓较为适合；✓一般适合。

收益率（分红）策略作为长期策略，非常适合那些眼光长远、有耐心、不在短暂反弹中兑现利润，愿意承受一些温和波动的投资者。

自我大象型最适合这一策略，因为他最可能承受即使对于普遍稳定的股息股票也会不时发生的波动，最终获得股息收益。

勤勉小鹿型也较为适合该策略，因为他会耐心等待收益。不过，他必须谨慎地将止损标准设定在一个合理值，以便能够承受偶尔的波动。只有在能够承受这种短期波动的前提下，他才有可能从长期投资的股息中获益。

忙碌蜜蜂型和谨慎螃蟹型通常在股息股票的短暂价格反弹时产生兑现利润的念头。如果他们无法抵挡这种诱惑，那么就可能在股价下跌后买回股息股票，但也可能不会。更糟糕的是，如果价格没有下降怎么办。在很多情况下，忙碌蜜蜂型和谨慎螃蟹型无法看到高股息股票带来的长期利益。

无论价值型股票还是成长型股票，**长期资本收益策略**显然只适用于那些拥有足够长远的投资视野，能够等待这种策略全面实施并产生回报的投资者。这种策略在回报上更不稳定，因此对比收益率策略更无法确定，因为你选择的成长型股票可能会失败，而价值型股票也可能会成为价值陷阱。

勤勉小鹿型最适合这种策略，因为他并不坚持己见，认为自己的选股正确。如果所选的价值型股票或成长型股票被证明是错误选择，勤勉小鹿型投资者通常会自律地及时止损。随着时间的推移，所选股票被证明是正确投资，那么将为投资者带来丰厚的利益。

自我大象型投资者也适合这种策略，因为他通常有等待回报的耐心。但是，它愿意承受巨大损失的意愿可能会对自己不利，因为无法保证所选的价值型股票或成长型股票一定正确。如果选股错误，这种不愿蒙受损失的态度可能会带来恶果。

忙碌蜜蜂型和谨慎螃蟹型只是勉强适合该股票策略。这两种类型的投资者通常没有兴趣在波动中等待，很可能会想及早兑现利润。但是这种策略却需要时间来发挥作用，并需要一些耐心，才能看到股价涨幅足够高到证明所冒风险的合理性。

短期交易策略对于投资时间较短的投资者而言非常适合。投资者会相当迅速地（通常在几天或不超过几周内）知道自己投资的正确与否，因此可以相当迅速地止损或兑现利润。

它不太适合那些更依赖于深入研究的投资者，因为这往往会使他们抱持坚定的观点，导致做出交易决策时不够灵活。

忙碌蜜蜂型最适合这一策略，因为它止损时足够自律，而这种情况在短期交易中经常发生。同时，忙碌蜜蜂型投资者在其观点正确时也会迅速兑现利润，这在短期交易中也是必要的。

谨慎螃蟹型只是勉强适合这一策略，因为虽然投资正确时他会迅速兑现利润，但如果股票选择错误，谨慎螃蟹型可能会把这一短期交易变为“长期持有”，因为他不愿意及时止损。

勤勉小鹿型比谨慎螃蟹型更加适合这种策略，因为他愿意在错误时及时止损，所以不会有将短期交易转为长期交易的风险；但，由于许多短期交易的重点为“短期”，勤勉小鹿型投资者趋向于获利最大化的投资风格可能会对他不利。如果没有及时兑现利润，随着其他因素影响股价，收益可能会迅速消失，甚至再次变成亏损。

自我大象型并不仅限于长期观点，尽管通常来说，很少有人对于短期投资持有如此强势的观点。这种类型投资者的长处与短处都是他对某一观点的坚定信念，以及他甘愿经受市场浮沉的意愿。一些符合这一投资管理风格的人明确表示面对短期交易时，他们会愿意更快兑现利润。然而，考虑到他们的个性，可能无法轻易接受自己的错误，并及时止损。因此，自我大象型只是勉强适合这种策略。

如果你的投资管理风格与某一特定策略不是最为适合，并不意味着你不应该与该策略有任何关系。首先，在使用不太适合自己的策略时，你需要了解自己投资管理风格的缺陷。其次，你必须决定是否要积极克服这些缺陷，或者是否有能力克服它们。如果你认为自己可以克服这些缺陷，我建议你可以从小处着手，并随着信心的增加加大投资比例。如果你接受了自己在特定策略上的天生劣势，你将必须确定放弃这一策略是否会让你的投资组合策略不够多元化。虽然短期交易策略可以完全被放弃，但我仍然建议在该策略中配置少量资金，以提高投资组合的多元化和回报。

在前一章中，我对三种策略进行了简单分配：收益率策略 30% ~50%；长期资本收益策略 30% ~50%；以及短期交易策略 0 ~50%。

现在我们针对你的特定投资管理风格进行策略分配微调。

忙碌蜜蜂型

你最适合短期交易策略。如果你碰巧喜欢短线交易，并且也擅长此道，那么再好不过了。在这种情况下，你可以将更多资金配置到短期交易上。建议分配如下：

收益率	20% ~30%
长期资本收益	20% ~30%
短期交易	40% ~60%

如果你不擅长短期交易或者不想参与其中，也并不需要

强迫自己去做。与其他两种策略不同的是，短期交易不是一种可以“想做就做”的交易。如果你真的不愿意这样做，那就抛弃短期交易，其份额可以由其他两种策略平分，重新构建你的股票投资组合。

谨慎螃蟹型

你的特点与典型的散户投资者相似。这种风格的主要问题是，往往会把亏损投资转为长期持有，因为你不愿意及时止损。无论你喜欢哪种策略，都必须认识到这个缺点，并努力克服它。这对于收益率策略和长期资本收益策略等长期策略尤为重要，过早的兑现利润会让你的股票选择无法发挥出其优势，因为你持有股票的时间并未长到足以看到全部的收益。

由于没有基于该投资管理风格明确的突出策略，它实际上取决于你是否愿意从事短期交易。即使你喜欢短期交易，收益率和长期资本收益也是推荐的策略，所以你的配置可以是：

收益率	30% ~50%
长期资本收益	30% ~50%
短期交易	0 ~40%

勤勉小鹿型

你是一个非常自律的投资者，即使你做的投资选择只有一半是正确的，长期看来也会收益颇丰。你的风格适合大多数策略，尤其适合长期资本收益策略。因为在这种策略下，你可以在投资正确的时候获得最大的收益，而错误的时候也不会输尽一切。你很可能在任何一种策略中都会有良好表现，所以这取决于你认为自己可以在哪种策略中做到最好。

根据你的短期交易意愿，建议配置如下：

收益率	25% ~40%
长期资本收益	40% ~60%
短期交易	0 ~35%

自我大象型

你是一个自信的投资者，一旦立定观点便不再轻易动摇。你最适合收益率策略，因为股息股票的短期波动不会让你脱离长期投资。由于股息股票很少波动，也很少像投机型股票或成长型股票那样上涨，你不太可能轻易兑现利润。因此，你总是会长期持有表现良好的股息股票，并因此能够在长期持有中获得全部收益。

如果你擅长选股，也可以采取长期资本收益策略。如果选择正确，便可以安然渡过短期波动，获得最终的收益，但这种策略的危险在于，如果选择错误，而你又不愿意止损的话，那么可能会给你的资金带来巨大打击。

短期交易最不适合你，考虑到这一点，建议的配置是：

收益率	40% ~60%
长期资本收益	35% ~40%
短期交易	0 ~25%

以上是结合广泛的股票策略配置与投资者的投资管理风格而做出的更精细配置，以适应个人投资性格的各个方面。

这种经过微调的配置更符合个人偏好和风险承受能力，使投资者可以长期保持这种配置而无须更改。

将投资管理风格应用于股票选择

如果股票策略能适应你的投资管理风格，股票选择也如此吗？从某种程度上来说是的。如果你在确定投资管理风格时忠于自我，并按照建议进行股票策略配置，那么你已经达到了大部分的效果，进一步进行股票选择的扩展也只会略微有所帮助。在此我将介绍一个实用方法来根据投资管理风格对股票选择进行微调。

收益率策略

一般来说，高股息股票往往来自于业务稳定的大型公司。新加坡市值最高的股票之一、东南亚最大的电信公司新加坡电信（Singtel）的 7 年股价曲线图如下：

资料来源：辉立证券集团股票曲线图

新加坡电信的市值约为600亿新加坡元，正常情况下每年派息不低于4.5%，多年来一直相对稳定。即便如此，新加坡电信的投资者仍需要承受一些波动，因为在重大抛售期间，股价仍会有相当大的变化。试想一下：如果你在2015年以每股4.40新元的价格购入了新加坡电信股票，那么当其股价跌破3.50新元，跌幅超过20%时，你还会选择继续持有吗?

这就是投资者在参与像收益率这样相对稳定（或“无聊”）的策略时需要小心的地方，因为并非所有的高股息股票都必然稳定。所以，当你选择股票时，不要只关注收益，而应该仔细研究过去的交易模式和股票的波动性，在决定之前确认自己的投资管理风格是否适应波动性。

如果你是**忙碌蜜蜂型**或**勤勉小鹿型**，你应该首先选择波动性在你的承受范围之内的股票。如果你必须选择波动性更大的高股息股票，请记得根据其近期波动历史设置一个较大的止损抛售值，以免无法承受市场波动而过早止损，导致无法享受到股息。

如果你是**谨慎螃蟹型**或**自我大象型**，在执行这一策略时便不会遇到问题，因为你可能不会因规模适中的价格波动而做出止损行为。然而，这并不是说你可以对股息股票的波动漠不关心。由于股息股票更注重股息收益而非股票资本收益，所以在其他条件相同的前提下，如果两只股票的股息收益率相同，应该选择波动性较低的股票。

长期资本收益策略

资料来源：辉立证券集团股票曲线图

在这种策略下，成长型股票和价值型股票的交易方式截然不同。成长型股票的交易方式通常更不稳定，当经济呈指数增长时，它会一飞冲天，而当经济前景日益黯淡时，它也同样堕入深渊。价值型股票的走势往往较为缓慢，因为它们通常不受青睐，不受投资者关注，也不属于热门板块。

以下是在香港上市的中国银行（BoC）的五年走势图。中国银行是中国四大银行之一，在全球银行中也位居前十。2016年初，该公司的远期市净率约为 0.5，到 2017 年底，也仅为 0.6 左右。按照这一标准衡量，该公司无疑是一只价值型股票。

2015 年 7 月，在中国股市大幅下跌后，中国银行股票似乎显示出了其价值，2016 年和 2017 年，中国银行股价谨慎上行，从跌破 3 港元升至超过 4 港元。这是当投资者发现之前不受欢迎的股票所拥有的价值时，进行的典型价值股交易方式。

资料来源：辉立证券集团股票曲线图

让我们来把它与成长型股票做个对比。在亚洲，在香港上市的腾讯公司（Tencent Holdings）是最大、最好的成长型股票。腾讯是中国领先的互联网增值服务提供商。他们运营着广受欢迎的即时通信应用微信，该应用可以说是中国所有智能手机用户的必备应用。

上图为与中国银行同期的 5 年曲线图。你能看到 2015 年 7 月香港股市的抛售吗？在那次抛售中，腾讯从 163 港元的高点跌至 131 港元，跌幅达 20%。随后还出现过几轮抛售潮，如 2016 年第四季度等，但最严重的一次发生于 2017 年 11 月底。然而，由于过去 5 年间的惊人上涨，在回顾时很容易认为该股走势只是直线。我向你保证，如果你持有这只股票，不知道第二天会发生什么，那么任何抛售都会令人恐惧，无论它在五年曲线图上看起来多么微不足道。

现在，请花些时间再次审视中国银行和腾讯的曲线图。在每张曲线图上的不同点，诚实地问一问自己，如果你是一个长期资本收益策略投资者，你可能在哪个点位买入了股票，又可能在哪个点位卖出了股票以兑现利润或止损？老实说——你会承担 25% 的亏损吗？你会在反弹 50% 后兑现利润吗？

如果你是忙碌蜜蜂型或谨慎螃蟹型，考虑到你倾向于提早兑现利润的特点，你不太可能参与成长型股票的大部分价格反弹。例如，如果你足够聪明，在 2016 年第一季度以平均每股 140 港元的价格买入了腾讯股票，你首先会在 2016 年 4 月以每股 165 港元左右的价格卖出，在仅仅几个月时间便达到 18% 回报率颇为不错。即使你当时没有卖出，也会再次在 2016 年 9 ~ 10 月价格达到 200 ~ 220 港元时动心并卖出。这时的收益率平均为 50%。腾讯随后于 2016 年 10 ~ 11 月将股价调整至 180 港元的低位，对于失去所有收益的恐惧几乎肯定会迫使你在那个时候兑现利润。那么，你可能就会错过 2017 年高达 100% 的上涨。

作为价值型股票的中国银行则不同。如果你再一次聪明地发现了中国银行股票的价值，并在 2016 年第一季度以平均 3 港元的价格买进，但由于波动性较低，且价格变动不那么令人兴奋，你的第一次抛售可能是在2016年最后一个季度，当时中国银行股价停滞不前，稳定在3.50港元左右。虽然这仍是相当可观的16.7%的涨幅，但由于对你而言收益可能不够高，你可能会一直持有该股直到2017年该股的交易价格在3.60~4.15港元为止。2017年你是否会获利以及何时获利，在很大程度上取决于你当时对中国银行股票价值的看法，但可以肯定地说，你会从购买中国银行股票的这一举动中大赚一笔。

上面的例子代表了成长型股票和价值型股票的典型价格波动。我们可以看到，忙碌蜜蜂型或谨慎螃蟹型投资者更有可能长期持有价值型股票，而由于波动性增大，他们会过早地从成长型股票中兑现利润。因此，当他们无法从上涨的股价反弹中获得全部收益时，便无法承受更多的价格波动。因此，在长期资本收益战略中，忙碌蜜蜂型和谨慎螃蟹型可以考虑持有更多的价值型股票，而不是成长型股票。

如果你是自我大象型，你会坚持自己在上述两只股票中的投资，并获得可观的利润。这是一个很好的结果——但这仅仅是因为你在两只股票上的投资都是正确的！当你错的时候又该怎么办？

下面的5年曲线图是在香港上市的中国移动公司股价走势图。中国移动是中国领先的电信运营商。

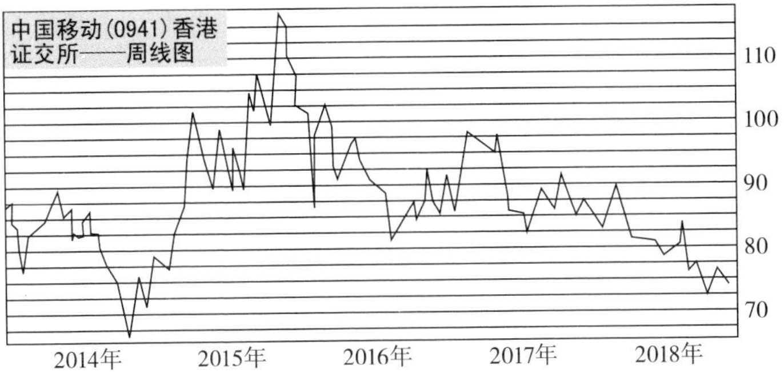

资料来源：辉立证券集团股票曲线图

按照前两个例子相同的模式，假设你在 2016 年第一季度意识到了中国移动股票的价值，并以平均 85 港元的价格买入。考虑到自我大象型投资者的特点，接下来两年的价格走势不会足以诱使你兑现利润或售出止损。因此，在 2018 年初，你应该一直在持续观察中国移动股票低于 80 港元的交易价，这是从 2017 年第四季度以来便开始的亏损。值得注意的是，即使在 2017 年的牛市中，中国移动股票也没有随之上涨，所以投资者早就应该质疑自己之前对其股票价值的早期分析是否仍然有效。虽然在这个例子中损失并不惨重，但可能会发生更坏的情况，尤其是对于波动性更大的成长型股票而言。

考虑到我们在选择股票时不会总是正确的，自我大象型投资者应该配置更多的价值型股票而非成长型股票，以限制错误决策可能对长期资本收益投资组合造成的损害。

如果你是**勤勉小鹿型**，从中国银行和腾讯公司的例子来看，你可能会持有中国银行股票直至 2017 年底，因为它的下跌波动性有限，你不会做出止损决定。而对于腾讯股票，在2016年第四季度合并时，你可能获利，也可能没有。但如果你没有这样做，你可以一直持有到2017年底，享受到大约280港元的涨幅，或者说，是你买入价140港元的200%。

显然，中国银行和腾讯都是这只勤勉小鹿挑选的好股票，但如果中国移动也被选中了呢？在这种情况下，勤勉小鹿型投资者很可能会在2016年11～12月减持，当时该公司股价从97.50港元的高点调整至80.50港元。无论勤勉小鹿型投资者在这个区间内何时做出减持决定，很明显，这给他带来的损失是有限的，而且肯定比继续持有到2017年底要好。

上面的例子说明了为什么勤勉小鹿型最适合长期资本收益策略。在投资判断错误的情况下及时止损的原则，从长远来看会降低回报的波动性。无论是价值型股票还是成长型股票，都非常适合勤勉小鹿型投资者。从长远来看，成长型股票可能会带来更高的回报，因此可以考虑将更多的资金配置到成长型股票上，而不是价值型股票。

短期交易策略

短期交易策略分组中有5个次级交易策略：主题交易策略、相似效应交易策略、错误定价交易策略、技术交易策略，以及投机交易策略。按照错误决策可能带来的负面影响，它们被分为两类：

错误决策导致限制内下跌趋势——相似效应交易策略以及错误定价交易策略；

错误决策导致巨大下跌趋势——主题交易策略、技术交易策略、投机交易策略。

相似效应交易策略以及错误定价交易策略更多地基于客观或可衡量的目标。即使决策错误，理论上造成的损害应该也会较小，因为短期内市场没有理由偏离预期方向。举个相似效应交易的例子，如果投资者买了一只没有与其他房地产股票同步上涨的房地产股票，最糟糕的情况是，假设没有其他消息或因素在起作用，它根本不会上涨，或者会稍微下跌。在正常情况下，除非大盘出现暴跌，否则该股价应该不会大幅走低。同样地，如果投资者购买了由于公司行为纠正错误定价的股票，如果计算无误，最坏的情况通常不是往完全相反的方向移动，除非整个市场都朝该方向移动。

另外，基于主题、技术或仅仅是投机的短期交易往往更主观。如果你做了错误的决定，可能会造成极大的亏损。对主题进行投资通常需要更广泛的市场在你之后跟随该主题，如果这一主题没有实现，那么股价绝不会朝着你预期方向移动。例如，如果你认为下一代 Apple Watch 会因为某些新功能而大获成功，因此在发布之前就购入了苹果股票，那么如果你的预期没有得到实现，可能会令你蒙受巨大的损失。

在技术交易中，交易员通常认为，对于某只股票，其此前的高价位会形成“阻力”上限，卖家会争先恐后地在该点卖出。你可以在这些“预期的”卖出决定之前卖出，做短期交易。实际上，抛售指令的堆积可能会成为一种自我实现的预言，股价会在价格阻力下再次陷入停滞，或者，如果有足够多的投资者以另一种方式押注，这种阻力可能会被突破。一旦阻力被突破，可以预期大量的技术交易员会将止损买入指令设置于阻力位之上以限制损失，并在此过程中使股价在短时间内大幅上涨。一旦这种情况发生，而你在到达阻力位之前便已经卖出，则可能会面临巨大亏损。

在投机交易中，股票选择可以基于任何原因或没有原因。没有理由表明一只股票的交易价格不会比你的买入价格高或低得多。而且至少在这种情况下，你盈利和亏损的风险是相等的。

从这两种类别出发来考虑，那些投资管理风格不习惯于及时止损的投资者现在必须加倍小心。仅仅因为做出错误投资时不愿及时止损，便冒着短期交易变成长期投资的真正风险。因此，谨慎螃蟹型和自我大象型最好只做相似效应交易以及错误定价交易，而由于忙碌蜜蜂型和勤勉小鹿型会自律地及时止损，这一点成为他们更适合所有五种次级交易的关键。

总之，投资者的投资管理风格会影响股票选择的过程，以下是如何根据投资管理风格调整股票选择的概括：

		自我大象型	勤勉小鹿型	谨慎螃蟹型	忙碌蜜蜂型
收益率（分红）		如果收益率和其他因素都相同——选择较低波动的股票	选择低波动股票	如果收益率和其他因素都相同——选择较低波动的股票	选择低波动股票
长期资本收益		价值型股票多于成长型股票	成长型股票多于价值型股票	价值型股票多于成长型股票	价值型股票多于成长型股票
短期交易	主题交易		✓		✓
	相似效应交易	✓	✓	✓	✓
	错误定价交易	✓	✓	✓	✓
	技术交易		✓		✓
	投机交易		✓		✓

我应该买多少股？花多少钱？

在对你的股票选择进行了微调之后，仍然存在一个问题，即应该在性格导向投资组合中持有的理想股票数量，以及每种股票的规模。

在回答这个问题之前，需要考虑以下几点：

多元化：正如投资者需要在资产类别层面实现多元化一样，每个人都应努力在股票投资组合层面实现多元化。拥有一只股票显然并不多元化，但拥有 100 只股票对个人来说又显然过多。正确的数字介于两者之间，取决于你能实际监控的数量。

请注意，通过拥有交易所交易基金（ETF），也可以实现多元化。因为交易所交易基金本质上也是一种“股票”，旨在复制特定的指数表现。如果一个人看好特定领域或市场，那么买入一个复制该领域指数或市场基准指数的交易所交易基金，将使他得到构成该指数的许多股票相关信息。

交易成本：你的投资金额越高，可以购买的股票就越多。如果你有 5 万美元，是应该买 20 只均价 2500 美元的股票，10 只均价 5000 美元的股票，还是 5 只均价 10000 美元的股票？答案之一是交易成本。例如，股票经纪公司通常收取 0.2% 的经纪费，每笔交易最低收取 10 美元，以较高者为准。如果你的交易票价为 1000 美元，你将为每笔交易支付 10 美元经纪费，这相当于你交易价值的 1% 。通过数学计算，很明显，为了避免支付超过 0.2% 的费用，每份合约的交易规模至少为 5000 美元。因此，如果你的整个股票投资组合是 5 万美元，尤其是对于活跃的短期交易者，你应该买入少于十只的不同股票。

如果你的整个资产基数不大，那么交易成本是最大股票数量的重要决定因素。当然，如果你有几百万美元的庞大资产基础，那么交易成本便不是你应该拥有的股票数量的关键决定因素。

监控时间：你需要监控自己投资组合中的股票。但是你愿意每天花多少时间来积极监控和/或交易股票呢？我所说的“积极监控”，是指始终掌握与股票相关的所有动态，包括价格波动。除非你是全职日内交易员，否则便可能会受到限制而必须要分配主动监控或交易股票的时间。大多数人可能在一天内能够积极监控 3 ~ 7 只股票，但这并不意味着你的整个股票投资组合中不应该超过 7 只。还记得我们推荐的 3 种股票策略吗？

收益率（分红）股票不需要每天做积极监控，只需定期观察即可。特别是在财务报告发布的时间前后，需要密切关注公司正在进行的业务前景和公布的股息。

长期资本收益股票也无须每日积极关注。留意市场周期、行业趋势以及任何可能影响股票前景的与公司或行业相关的发展即可。但是当公司或相关公司报告财务业绩时需特别留意。

短期交易股票需要每日进行积极监控，甚至可能需要日内监控。如果不想因缺乏关注而错过收益或止损点，必须时刻集中注意力。对于股票的积极监控主要针对的是这种交易策略。

对于股息股票和长期资本收益股票交易，你可以考虑为每种策略最多配置 10 种股票，而短线交易的配置数量则取决于你能抽出多少时间来监控市场，并进行股票交易。在任何时候，你都不应同时持有 7 种以上股票。但是这些数字当然仅供参考，作为一个散户投资者。无论你最终决定购买多少只股票，你都要放下心来，不要因为股票总数而负担过重，或者被需要持续监控的活跃股票数量压得喘不过气来。这又再一次将问题带回了你的投资性格：

波动性：你是否应该通过波动性来调整每只股票的持有量？从理论上来说，如果一只股票波动性较大，便应该少买入一些；相反，如果一只股票极度稳定，就可能持有更多。其背后的主要原因是投资者可能设定的止损额度，尤其是对于忙碌蜜蜂型和勤勉小鹿型投资者而言。例如，假设你的每只股票平均持有量为 1 万美元，如果你愿意为自己的下一笔交易承担 1000 美元的风险，现有的选择为股 A（每天 +/－ 5% 大幅波动）或股 B（平均每天 +/－ 1% 波动），那么无论你最终决定买入股 A 或股 B，都会像通常一样购买 1 万美元吗？

除非你是一个快速投机者，否则便会尽量避免在自己的交易有机会盈利之前便被迫止损。因此，如果你买进股 A，可能会购买少于 1 万美元的金额，以便抵挡可能出现的突然下跌，因为你同时也心知肚明，由于股 A 的波动性特点，如果决策正确，较小额度的买入仍然会给你带来不错的收益。

信念：在你的投资组合中，每只股票不需要有相同的投资规模。你的持股情况可能取决于你对于某个交易想法的信念。如果你对一桩交易有强烈的感受，那么请务必给它分配高于平均值的投资规模。你只需注意避免对某一只股票过度集中投资。因为如果针对该股票的投资出现决策失误，同时你的投资组合又因为集中投资而造成了多样化缺失，那么会导致极大的资金损失。

为了更清楚地说明这些观点，让我们来看两个例子：

案例 1

约翰（John）是一家物流公司的经理，他的投资管理风格是**谨慎螃蟹型**。现在他有 20 万美元可以用于股票配置，于是约翰决定配置如下：

收益率（分红）策略	40%
长期资本收益策略	40%
短期交易策略	20%

约翰做出的股票配置为收益率和长期资本收益策略投资分配了 8 万美元，而短期交易则为 4 万美元。在考虑了投资管理风格对股票策略和股票选择的影响，以及上文中的要点之后，约翰决定了具体投资股票数量和规模：

收益率（分红）策略：

8 只股票，平均每只 1 万美元

长期资本收益策略：

成长型股票 3 只，平均每只 1 万美元

价值型股票 5 只，平均每只 1 万美元

短期交易策略

主题交易：无

相似效应交易：最多持有 4 只，平均每只价值 8000 ~ 15000 美元

错误定价交易：无

技术交易：无

投机交易：最多2只，平均每只价值8000～15000美元

约翰做出上述选择的原因：作为谨慎螃蟹型投资者，约翰并不特别适合任何一种股票策略。由于他白天通常忙于工作，无法积极交易股票，因此在短期交易策略上分配的资金较少，而在其他两种策略之间分配的资金相同。

约翰的股票总数最多为22只，其中最多有6只股票因其短线性质需要进行积极监控，其他16只股票由于性质为长期投资，只需定期或在有新动向时进行监测即可。

1万美元的平均规模是基于对他必须支付的最低经济成本0.18%或15美元（支付金额为两者之中较高值）做出的考虑，这意味着他的交易规模不应低于每只股票8333美元，所支付经纪费用才会不高于0.18%。

约翰敏锐地意识到了自己投资管理风格的缺点。他认为，对于自己的性格而言，为了克制自己不去在收益率策略中过早兑现利润，应选择波动性较低的股票。因此，他决定建立包含8个不动产投资信托基金（REIT）的投资组合，规模均为1万美元，以实现多元化。相较于成长型股票而言，由于他的投资管理风格谨慎螃蟹型略微更适合价值型股票一些，他决定将更多的资产配置到价值型股票上。

至于短期交易的次级策略，由于约翰不愿做出止损的特点，他更倾向于关注那些当他决策错误时损失较少的策略。

他不相信自己能够发现错误定价的股票，因此他更偏向于自己较有信心发现的相似效应股票交易。他偶尔也喜欢赌一把，所以如果有了强烈的想法或观点，他就会在投机交易中分配少量资金。

案例 2

杰姬（Jackie）是一家保险公司的人力资本总监，她的投资管理风格是**勤勉小鹿型**。现在她有 50 万美元可以用于股票配置，于是杰姬决定配置如下：

收益率（分红）策略	35%
长期资本收益策略	55%
短期交易策略	10%

以美元计算，杰姬为收益率策略分配了 175000 美元，为长期资本收益策略分配了 275000 美元，为短期交易分配了 50000 美元。以下是杰姬确定的具体股票数量和规模：

收益率（分红）策略

10 只股票，每只均为 1.5 万至 2 万美元之间

长期资本收益策略

成长型股票 10 只，平均每只 2 万美元

价值型股票 3 只，平均每只 2.5 万美元

短期交易策略

主题交易：最多两只，平均每只 2.5 万美元

相似效应交易：无

错误定价交易：无

技术交易：无

投机交易：无

杰姬做出上述选择的原因：杰姬了解自己的投资管理风格，知道自己倾向于利润最大化，也会在投资失误时及时止损。她不喜欢短期交易，而且她繁忙的工作安排也令她没有充裕的时间去积极监控或交易股票。

尽管杰姬所投资的资本金额高达 50 万美元，但她的股票总数最多只有 25 只，其中只有 2 只主题交易的短线股票需要积极监控，而大多数其他股票都是基于不定期或长期投资的基础来进行监控和交易的。

由于她的投资组合规模较大，杰姬无须关心每笔交易所需支付的最低经纪费用。她决定每只股票的数量和规模，是因为她根本无暇研究更适合自己的策略和偏好的股票。平均 2 万美元左右的规模在她努力研究带来的成果和多样化之间取得了很好的平衡。

在她的收益策略中，杰姬没有设定固定股票规模。她在这一策略中混合了不动产投资信托基金及蓝筹高股息股票。在具体分配上，她更愿意将 2 万美元配置于自己熟悉的蓝筹股，而把 1. 5 万美元配置于不动产投资信托基金。

杰姬的长期投资视野和对科技行业抱持的乐观态度使得她将大量资金配置到成长型股票上。为了平衡成长型股票的波动性，她同时配置了 3 只价值型股票。每只成长型股票的规模为2万美元，刻意小于每只价值型股票2.5万美元的规模，因为她清楚地了解成长型股票的不可预测性和波动性，并希望将自己的资本分散到更多成长型股票上，以实现多元化。

由于杰姬不喜欢短期交易，于是她宁愿敬而远之。但每当她发现可能值得一试的交易主题时，就会为其分配一笔小额资金用于投资。

制定了这个性格导向投资组合之后，杰姬可以专注于繁忙的日常工作，而无须积极监控许多股票，并且可以在晚上安然入睡。如果她在选股时也做出了明智的选择，从长远来看，她有望获得丰厚的回报，并可以轻松实现自己的长期投资目标。

大功告成。此时此刻，你应该已经拥有了基于自己投资管理风格的性格导向投资组合。你的股票策略、股票数量和规模都做出了调整，以适应你的整体投资性格。将调整完毕的性格导向投资组合付诸实践，并随着时间推移将其逐步发展成为一个真正个性化的投资组合，你便可以轻松维持运作，并获得长期的最佳回报。

第七章　固定收益证券及现金投资组合

在前几章中，我们探讨了如何构建适合自己独特个性的股票投资组合。由此产生的性格导向股票投资组合是一种可以令你长期感到满意和轻松的定制投资组合。

股票只是你的整体资产配置中应该包括的资产类别之一，但是它所占的比重可能最大。除此之外的其他资产可能包括固定收益证券/债券、现金等；再根据你的资产规模和对各种资产类别的熟悉程度保留一个或多个备选资产类别。

我们共同经历了四个步骤以构建性格导向投资组合中的股票部分，其过程也同样适用于其他资产类别，只是重点各有不同。总结上文，性格导向投资组合的四步构建法包括：

步骤一：地区/国家

步骤二：市场行业

步骤三：部署策略

步骤四：证券选择

在本章中，我将说明如何使用四步构建法为其他两种主要资产类别（固定收益证券和现金）构建投资组合，并分析与构建股票投资组合之间的关键区别。

固定收益证券投资组合

资产配置中的第二大资产类别通常为固定收益证券/债券。除了在本金保护方面比股票更加安全之外，债券还提供了一个可预测的、稳定的收入来源，这对于需要现金流用于支出的散户投资者尤为重要。考虑到现金流的重要性，固定收益证券投资组合通常不会承担过多的风险。

在此我们将运用性格导向投资组合四步构建法来创建固定收益证券投资组合。

步骤一：地区/国家

与构建股票投资组合类似的是，首先你要考虑自己计划在世界上的哪个地区投资，其次是国家。由于债券通常是场外交易，或仅在一个交易所交易，因此无须在各个国家的不同交易所之间做出选择。

与主要以本国货币交易的股票不同，在特定国家发行的债券可能不以该国货币交易。事实上，在世界各地以美元和欧元等主要货币发行的债券非常普遍。债券通常以面值 20 万的美元或其他货币进行交易。由于债券规模如此之大，除非你有超过 500 万美元的可投资资产基础可供分配，通常无须冒险在国外进行投资，只为了在自己的投资组合中持有一部分债券。在某些市场，债券的交易名义金额可能较小，以鼓励散户参与。例如，在新加坡交易所（SGX）交易的零售债券面值低至1000新元。

持有债券除了面临利率风险之外，还有其他三个值得注意的风险：

- 发行人信用风险——信用风险即发行人违约的可能性
- 外汇（FX）风险——由于债券面值通常较大，如果货币面额与本国货币不同，则必须考虑外汇风险
- 流动性风险——在场外交易的债券多于交易所交易。它们的流动性远不及股票，定价也不太透明

如果你身处亚洲，那么你真的想在葡萄牙寻找一种以欧元计价的债券吗？你对这家来自葡萄牙的发行人了解多少？如果你真的想要以欧元投资，难道不能从像德国那样更大的市场或是较近的地区寻找到其他更知名的欧元债券吗？同样地，同一地区可能有数百家美元债券的发行人，你是否需要冒险去墨西哥找一家以美元发行的墨西哥公司的债券？除非你非常熟悉墨西哥发行人，并对墨西哥比索另有想法，否则投身于如此遥远的市场并无好处。

投资新兴市场的货币计价债券伴随着额外的本币利率风险和外汇风险。如果你选择投资本币债券，你必须熟悉当地货币的利率周期，并准备好应对外汇风险。例如，如果你被印度尼西亚的印尼盾的高利率所吸引，那么你应该熟悉印度

尼西亚当前的利率周期，了解相对于本国货币的外汇走势，并在投资之前对印度尼西亚的发行人进行更深入的研究。

新兴市场的本币债券通常由于较高的通货膨胀或其他国内原因而具有较高利率。由于流动性较低，它们的外汇波动性更高。外汇市场带来的损失可能会抵消其息票等潜在的收益。

我对散户投资者的建议是，继续持有本国货币债券。如果你想通过投资外币债券来实现多元化，我建议你投资发达国家的货币债券。除非你是一个非常活跃、消息灵通的投资者，并愿意花时间研究你感兴趣的市场，否则我更建议你继续投资更靠近本国市场的知名公司和发行人。如果你坚持投资本国货币或主要货币（如欧元和美元等）债券，那么在本国或附近地区已有足够多的发行人可供你选择。无论你的性格如何，从遥远市场寻找发行人的边际收益很少能够回报散户投资者的努力。

步骤二：市场行业

在股票方面，我们将市场分为 11 种行业以更好地聚焦，而在固定收益领域，行业选择并没有那么重要，因为经济周期中的相对行业收益并不明显。虽然如此，在受青睐的行业中表现优异的股票仍可能对该公司的债券产生积极影响。由于债券是长期投资，散户投资者通常持有多年或到期债券，因此在选择行业时主要应考虑相关行业和公司是否可能在未来商业周期的高峰和低谷中生存、发展，以及买入和卖出该债券的时间。

例如，2016 年初石油交易价格约为 30 美元的时候，石油和天然气（能源）以及近海海洋产业显然在挣扎求生。在接下来的两年之中，我们看到这些行业的发行人受到严重打击而产生的违约行为。假设你打算在 2016 年初购买债券，你会从这些行业的发行人那里购买收益率非常高的债券吗？答案在于你的投资性格。如果你是一个活跃、老练并乐于冒险的投资者，并非常确信该行业内的哪些公司可以渡过难关生存下来，那么你可以利用该行业的高收益率。请记住，如果银行削减对该行业的贷款，行业与企业都将面临巨大压力，你会面对更高的波动性和可能的违约风险。

2007 年全球金融危机之后，世界各地的银行都在发行债券以提高资本比率。这是一个全行业的普遍现象，积极的投资者由于确信某行业的优先发行人迟早会发行债券，便可以更明智地计划好买入债券的时间，或者找到该行业内发行人的最佳相对价值债券。

从本质上来说，拥有广泛的行业概览而非直接进入个别债券选择会使得投资者得以更好地衡量该行业，以及其他行业的整体和相对估值。这有助于投资者在选择债券之前更好地关注全局。

虽然债券价格不会像股票那样波动，但请记住，同一经济周期内不同行业的股票可能表现相似。许多投资者在评估公司信用价值时会关注发行公司的基本面和股票表现。但如果发行人的股票处于熊市，投资者可能会对其发行的债券更加谨慎，并要求更高的收益率以弥补他所认为的更高风险。而那些不太热衷于把握市场时机、更愿意长期持有的被动型保守投资者，最好避开大宗商品和能源等波动性较强行业的债券，继续持有公用事业和消费必需品等防御型行业的债券。

步骤三：部署策略

与股票一样，现在要抵挡住直接进入债券选择阶段的诱惑。专业的固定收益经理人会采用不同的策略，主要围绕利率、收益率曲线和信贷来押注。利率策略是赌利率的上升或下降；收益率曲线策略是赌收益率曲线的趋平或趋陡；而信用策略则围绕发行人之间的信用价值和相对价值。

如果你是一个活跃而老练的散户投资者，你当然可以模仿专业人士所采用的策略。然而，对于大多数散户投资者而言，所采取的策略通常要简单得多：利率策略通常仅限于决定利率是升或降，以及债券的期限；散户投资者往往不会在收益率曲线趋陡或趋平上投注，因为这通常需要使用衍生工具来辅助判断，而这些工具对于散户投资者来说不易获得。至于信贷策略，散户投资者通常只会比较不同发行人，并决定哪种债券的风险（违约）和回报（收益率）组合最佳，而不会像专业人士那样进行相对价值交易或信用违约互换（CDS）交易。

由于几乎所有散户投资者的债券投资概念都以保护本金和获得收益为目的，为了等到时机成熟，专业人士所采用的各种策略可以整合为一个，以便简化执行。投资组合策略只是令投资者在价格和现金流方面取得最大化收益，同时避免违约。收益最大化策略要求散户投资者只决定三个因素：

- 国家及币种——在构建性格导向投资组合步骤一时决定
- 行业——在构建性格导向投资组合步骤二时决定
- 债券久期——在此处决定

在构建性格导向投资组合的步骤一中，你选定了债券的发行国及币种。正如上文提到的，除非你是一个活跃而老练的投资者，否则请尽量使用本国货币或发达市场货币，并专注于自己熟悉的国内或区域市场。

在构建性格导向投资组合的步骤二中，我建议投资者首先进行广泛的行业概览，并选定自己感兴趣的行业。牢记市场周期的阶段，选择最适合自己投资性格的行业。

于是这便让你走到了最后一个决定——你希望自己的投资组合的持续期是多久？

下面我们来简要概括一下什么是债券久期：随着利率上升，债券价格下跌，反之亦然。持续时间以年为单位，该时间越长，随着利率上升，价格下跌的幅度越大。久期可以说是债券价格对利率变化的敏感性。

例如，如果一个债券的期限是 3 年，那么利率每上升 1%，其价格将下降约 3%。这意味着，如果你预期利率会上升，你应该将债券期限保持在较短的时间内，以减少损失。相反，如果你认为利率可能会下降，你可能会想要持有较长时间，以使收益最大化。

假设你决定在整体资产配置中投资 100 万美元的债券，而在当前利率上升的环境下，你希望自己的债券期限相对较短，平均为 3 年左右。由于你不是活跃型投资者，你更倾向于购买债券并持有至到期日，而不是随着利率波动进行交易。

100 万美元可以购买最多五只面值 20 万美元的债券，并通过以下三种方式构建债券投资组合：

同期策略。5 种债券都约为三年期。

交错策略。例如，从明年开始到第五年期间，每年都有一只债券到期。因此，平均期限仍为 3 年左右。

杠铃策略。投资于 6 个月到 1 年左右到期的短期债券，同时购买期限较长的 5 年债券。这样做，你仍然可以达到大约 3 年的平均期限。

你该如何在这三种方法中做出选择?

以下是上述方法的利弊：

同期策略

优点：简单。

缺点：较难找到几个期限相似的债券。此外，在此期限内收益率未必是最高值。到期之后，又要再次寻找相同期限的债券购买。集中的期限在每一次结束时都会带来“转滚法”的挑战。随着时间的推移和平均期限的缩短，投资者必须决定较短的投资期限是否仍然得以构成可行的投资组合。

交错策略

优点：相对于找到五只期限相同的良好债券而言，找到五种各自不同期限的良好债券较为容易。这样有助于在债券展期时降低风险，并分散利率风险，尤其是当投资者对自己所做的决定并不完全确定的时候。每次债券到期时，可通过购买目标到期日的新债券来调整投资组合的平均期限，以实现自己的期限目标。

缺点：从心理上讲，当你的上涨利率观点正确时，长期期限债券的高市值损失会非常令人痛苦。

杠铃策略

优点：如果你的收益率曲线平缓，那么这一策略非常有效。收益率曲线趋平意味着前端利率上升或远端利率下降，或是两者兼而有之。因此，如果你同时持有短期和长期债券，你的短期债券不会带来极大的资金损失（无论如何请你持有至到期日），而你的超长期债券将可能带来收益。

缺点：如果利率上升，或者出现更糟糕的情况，即收益率曲线陡峭（与收益率曲线平缓相反），那么看到长期债券按市值计价的损失会带来心理上的痛苦。

除非你是一个积极的投资者，并倾向于平缓收益率曲线，否则我不会推荐杠铃结构。同期策略结构简单，但随着时间逐渐造成的期限缩短可能对于一些投资者来说并非理想结果。这取决于你的利率观念，如果你并不抱持非常强势的利率观念，那么交错策略可能最容易实现，且风险最小。

步骤四：证券选择

现在，你可以为自己的投资组合选择债券了。大多数散户投资者只希望在承担最少违约风险的同时收益率最大化。对他们而言最重要的是安全性。

选择债券时请记住以下几点：

了解发行人

了解结构

比较收益率

了解发行人

对发行人的业务、所在行业以及最近的财务状况有基本了解是先决条件。普通股权估值比率可用于评估发行人的信用。此处的重点不是发行人的股价昂贵或廉价，而是发行人偿还其息票，并在到期时偿还债务的可能性。

以下估值比率可能有所帮助：

负债比率（负债/股东权益，债务/资本，债务/税息折旧及摊销前利润）

流动比率（资产/负债）

现金流比率（运营/销售现金流，自由现金流）

营业利润率（营业利润/销售额）

资产收益率（收益/营运资产）

负债比率可以判别发行人是否负债过多，流动比率可以用于评估其流动性状况，现金流比率对于确定公司是否能从运营中产生正现金流以维持业务至关重要。诸如营业利润率这样的盈利能力比率，以及资产收益率这样的效率比率是评估发行人业务可行性及可持续性的有效工具。与股票估值相同，你可以把这些比率与同行业其他公司和发行人自身历史数据进行比较，以了解其财务状况。

了解债券结构

债券分为许多不同类型，从零息票债券到永久债券，再到可赎回债券，等等，不胜枚举。（关于这些不同类型债券的完整剖析，请参阅本人此前出版的《高净值投资》）

积极的老练型投资者可能偶尔会在不那么"老套"的债券类型中发现更好的收益率，因为散户投资者可能会因为对这类债券不太熟悉而远离它们。例如，散户投资者普遍对可赎回债券较为陌生，因此即使在调整了不可预测性之后，与其他同等期限和质量的债券相比，投资者还是可以在可赎回债券之中发现更好的收益率与投资期限。

当利率下降，或者能够以较低票面利率重新发行新债券时，发行人会倾向于收回债券。虽然如此，大家可能也已经注意到，某些类型的发行人（如银行）往往会一有可能便收回债券，因为如果不这样做，可能会被视为（有时很不公平）财务压力的迹象。积极的投资者可能会利用这一点来获得更高的收益率，但同时也承担发行人不收回债券的风险。

对于大多数较为被动和保守的投资者来说，更适合于普通债券，即每半年支付息票，并有已知到期日的债券。发行人希望在低利率和不断上升的利率环境下发行永久债券，这种方式的吸引力在于可以令他们在很长一段时间内，甚至永久锁定低借贷利率。这些永久债券往往以具有看涨期权以及递增的收益率来吸引投资者。许多投资者被高收益率所吸引，并认为发行人可能会收回债券，以避免支付更高的“加息”利率。这是一个冒险的策略。如果发行人在赎回日期即将到来时进入了艰难的运营期，那该怎么办？他们不仅无法收回永久债券，更高的利率甚至会加重他们的财务负担。

比较收益率

在所有条件都相同的情况下，主体评级高的债券总是比主体评级低的债券支付的息票更低。要评估发行债券的收益率是否合理，就必须比较具有相似信用质量的债券，而且最好来自于同一行业。在正向倾斜的收益率曲线中，债券的期限越长，收益率越高。由于很少有两种相同期限的债券可供比较，因此由于期限的不同，投资者不得不对收益率进行数学调整。

在购买债券之前，请务必与同一发行人的其他期限债券收益率进行比较。你可以沿着收益率曲线移动来比较收益率，并考虑曲线的哪一部分对你而言是最好的收益率与风险组合。请记住，长期债券虽然拥有最高收益率，但是可能并不适合你，因为你可能并不熟悉长期债券的风险。

对于积极的老练型的投资者而言，可能热衷于投资高收益率的未评级债券。请记住，即使你要这样做，也应该尽量不让自己的债券投资组合完全由这些高收益未评级债券构成。由于债券投资组合的多元化至关重要，可以与蓝筹股发行人发行的安全债券组合以平衡风险。

对于被动的保守型投资者而言，可能更倾向于持有大型蓝筹股公司的债券。收益率当然会低于小型公司或高风险债券，但可以确保自己的本金得以受到保护，也更加安心。此外，还可以建立交错的期限结构来分散期限风险。

现在，你已经创建了一个性格导向固定收益证券投资组合。这种投资组合肯定没有股票投资组合复杂，因为我已经迎合了主流投资者的需求：他们配置债券的目的通常是为确保本金受到保护，同时获得稳定的现金流。我们已经将性格导向固定收益证券投资组合设定为持有债券直至期满，投资者无须做出兑现利润或及时止损的决定，因此投资管理风格在此处并不重要。更重要的是你属于积极的老练型投资者抑或是被动的保守型投资者。

但是，如果你选择像股票投资组合那样积极地交易债券，则必须充分考虑投资管理风格，以确保自己的投资组合能够承受资产价格变化和投资管理风格导致的波动。

通过关注投资组合的构建过程，我希望能够帮助你创建一个适合自己性格的优质债券投资组合，使你能够在所拥有的债券周期内经受住一切风吹雨打。

现金及现金等价物投资组合

现金不就是你在银行里的未动用资金吗？对，也不对。你当然可以把所有流动的备用资金以现金形式存在银行里。或者，你也可以使它摇身一变，成为一种投资。

想随时使用现金，最灵活的方式就是将其存入银行活期账户。活期账户存款可能基本或完全没有利息可言，但是你却可以在任何需要投资或流动资金的时候随时使用。保持一定的流动资金是好事，但可能并不需要随时准备全部现金余额，因为你不太可能一次用完所有的流动资金。让我们来看看如何通过构建现金及现金等价物投资组合来获得更高的回报。

性格导向投资组合的四步构建法也可在此处应用：

步骤一：地区/国家

现金投资组合不必过于复杂。在这一步，你只需决定货币的种类。你是否应该只使用本国货币以确保本金的绝对安全？还是选择承担外汇风险以提高回报？

如果你除了本国和本国货币，不投资任何其他地方，你当然可以使用本国货币来构建现金投资组合。然而，在这个日益全球化的世界里，限制自己只在本国投资并不够理想。如果你投资了美国股票或欧洲债券，你已经面临着货币风险。因此，在你的现金投资组合中认真考虑这些货币的影响才是明智之举。

请注意，现金投资组合并不适用于外汇交易或投机交易。这是一个以安全为先的投资组合，你的资本不应该承担过重风险。如果你想投资外汇，请为其分配一些风险资本，并在现金投资组合之外构建一个单独的外汇投资组合。

在你的现金投资组合中，应该只考虑自己投资组合所需的货币。例如，如果你打算将 20% 的资产分配给美元资产，但目前只有 15%，而且你并不打算将美元风险对冲本国货币，那么可以将剩余的 5% 预期美元投资以美元形式配置在你的现金投资组合之中。

大多数散户投资者不会将外币风险对冲回本国货币。主要原因有两条：无论是通过远期、掉期或是期权，对冲操作都相当复杂且成本高昂，在到期时滚动对冲也是非常复杂的工作，更不用说还需要根据自己对外汇的观点来选择最有效的工具了。

由于外汇波动可能会对个人的整体投资组合收益造成巨大影响，不想进行套期保值的散户投资者有 3 种选择：

第一种选择是限制自己国外资产的分配比例，使得整个投资组合的货币混合程度不至于令你过于担忧。外汇的起伏是意料之中的情况，这一点在你配置国外资产时便应在决策过程中加以考虑。对于那些对外汇价格走势有独到见解的老练投资者，与能够承受整体投资组合估值中出现的按市值计价波动的散户投资者，我建议使用本方法。

第二种选择是采用外币借贷方式购买外币资产。这样一来，投资者只需为自己的外汇风险提供融资，而不必因为按照保证金要求提供的本金而承担直接外汇风险。当你出售外币资产时，只需将外币收益返还给银行，只有初始金额和由此产生的损益面临外汇风险。本方法适用于可以轻松从私人银行贷款，且并不一定了解潜在外汇走势的高净值投资者。

第三种选择显然是不承担任何外汇风险，将100%的投资直接分配给本币资产，这种方法建议被动的保守型投资者使用。

步骤二：市场行业

在现金投资中，与股票中的“行业”对应的是不同类型的现金短期工具。短期票据可以由各方发行。除了存款账户外，以下是一些常见的证券及其发行人：

- 国库券——政府
- 商业票据（CPs）——企业
- 定期存款（CDs）——金融机构
- 货币市场基金——基金经理

每一种证券都因发行人不同而具有不同风险。发行人的风险越大，可能带来的收益率就越高。由于这些证券的期限通常不超过 13 个月，因此它们很适合于寻找现金型投资工具来暂存资金的投资者。这些短期工具通常具有很强的流动性，这在你需要在短时间内卖出证券以换取流动资金的情况下至关重要。

货币市场基金与其他三种证券略有不同，因为它们本质上是投资于短期债务证券或货币市场工具的基金。货币市场基金往往是开放式的，并通常以相当严格的买卖价差进行交易，是你可以在资金调配之间使用的理想工具。它们可以被用作“浮动”基金，以提高预付资金账户的回报率。例如，如果你有一个预付美元账户用于购买以美元计价的股票，你可以选择在卖出股票后自动买入美元货币市场基金，并在买入股票后自动卖出基金。

积极的老练型散户投资者可以考虑上述任何一种或全部短期工具。简单起见，被动的保守型投资者应考虑持有国库券和货币市场基金。

步骤三：部署策略

如果你对自己的现金有一个清晰的部署计划，你便可以设计策略以在现金投资组合中产生最佳回报。然而，对大多数散户投资者来说，配置现金的时机取决于市场机会，且大多数人难以准确预测何时需要提供现金流。尽管存在这些挑战，投资者仍然可以根据有限的可用信息来设计提高收益的策略。

对于那些能够准确预测现金部署计划的投资者而言，策略非常简单：将你的现金配置在一个或多个短期工具中，它们将为你带来最佳回报。

而对于那些有大量闲置现金等待部署，却无法准确预测其使用情况的投资者来说，可供使用的策略有如下两种：

工具多样化

期限多样化

工具多样化

如果你是一个积极的老练型投资者，你可以把自己的闲置现金投入上述一种或所有短期工具，取决于你对于发行人风险的接受程度。如果你是一个被动的保守型投资者，那么国库券是更好的选择。

虽然货币市场基金不像国库券那样安全，但它的多种资产组合使其成为一种非常多元化的低风险工具。因此，它们非常适合各种类型的投资者进行资金配置。

为了应急需要，应该保留少量流动现金以备不时之需。但可以把尽可能少的金额存在银行现金账户中，其余都用于投资收益更高的现金工具。

期限多样化

对于大多数不确定何时可能需要使用现金的人来说，其实存在这样一个共同点——他们不太可能需要一次性使用所有流动现金。当市场机会出现时，大多数人会在一段时间内逐步部署他们的自由现金流。期限的多样化意味着分散未来的现金流，以便投资者可以定期获得现金。

如果你是一个活跃的老练型投资者，你应该有目标地购买到期期限分散于未来几个季度的短期现金工具。在极少数情况下，如果你确定自己需要在近期一次性使用全部现金，也可以选择期限极短的现金工具，并在到期后继续展期。

对于那些不熟悉或不习惯上述任何短期工具，只信任银行存款的被动保守型投资者来说，你仍然可以通过一些明智的计划来提高自身的收益率。例如，如果你有30万美元现金将在未来1~3年内不定期使用，可以选择将其拆分成12批25000美元的现金，存为不同期限的定期存款，在12个月内每月分批到期。每次定期存款到期时，你可以将其用于投资，也可以将其展期12个月，以确保自己拥有稳定的存款期限来支持未来的流动资金需求。这样一来，你可以确保自己永远无须等待超过30天的时间来获得资金。如果突然有市场机会出现，你需要调用更多资金，那么也可以选择提前终止一部分定期存款，并牺牲它们的定期存款利息。即便如此，你所付出的代价仍然不会比终止全部30万美元的定期存款要多。

步骤四：证券选择

在这个阶段，选择将是一个相当简单的过程。对于活跃的老练型投资者而言，你的短期工具选择标准将与创建性格导向固定收益证券投资组合时的债券选择标准相同：

了解发行人

了解结构

比较收益率

在上文中已经对不同发行人做过描述，短期工具结构颇为普通，利息与本金都在到期时一同支付。其收益率因发行人的信用质量及投资期限而有所不同。

现金及现金等价物投资组合与债券投资组合的关键区别在于：安全性和流动性是否最为重要。考虑到这一点，投资者不应在这个投资组合中承担过多风险，并应该始终确保发行人和投资期限如步骤三中所述的足够多样化。

现在，你已经完成了性格导向现金及现金等价物投资组合的创建。在股票、债券和现金这三种传统资产类别中，这一种是最简单的。可惜的是，虽然它最易于实现，却也最容易被忽视。投资者更希望在获取现金时更加灵活，或仅仅是认为不值得为了小额收益而大费周章。

在现金投资组合中，你无须考虑兑现利润或及时止损——你可以持有投资直至期满，或者至少持有到你需要流动资金而必须中止投资为止。个人投资管理风格也并不适用于此投资组合。

不管你是否需要在未来某个时间点使用自己的全部流动资金，或需要在不同时间点使用小额现金，上文中概述的策略都可以应用。在几乎所有的情况下，你都至少会有几天或几周的时间来准备现金。因此，将过剩的流动资金配置到短期工具甚至定期存款中可以提高回报率，而且，这种配置也可以让整体投资组合回报率最大化。

结合你的股票投资组合和债券投资组合，你现在已经拥有了一整套横跨各种资产类别的定制投资组合。如果你对探索其他资产类别感兴趣，上述选择过程也同样适用。例如，如果你想要构建房地产投资组合，在选择最终的房地产投资之前，首先可以确定投资地区或国家，然后选择行业（商业、工业、零售、住宅等），随后考虑策略（收益率、资本增值、再开发潜力等），最后才是选定具体投资的房地产。

这些被自上而下而又自下而上反复考虑的投资组合根据你的性格设计，为你提供可持续、可靠的并能带来最优化收益的最佳长期投资机会。

第三部分

管理投资组合

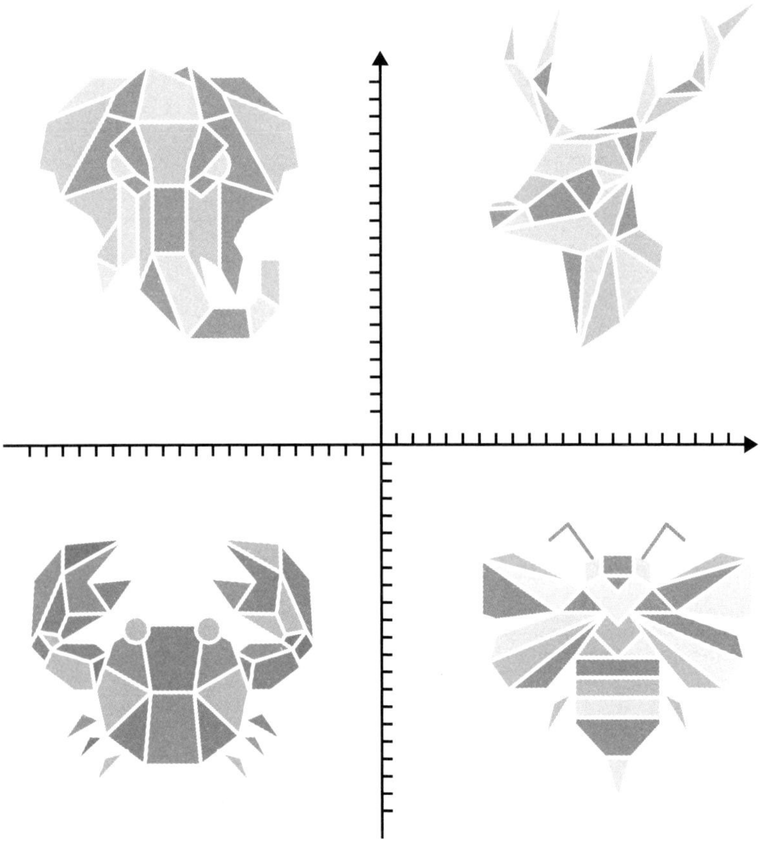

第八章　资金管理与再平衡

你已经基于自己的独特性格构建了投资组合。大多数参考书籍都在此处便宣告完结，仿佛这已是你所需要做的一切，做出证券选择之后你便可以一劳永逸。但是我们都知道，没有人会永远持有相同的几只证券。

如果你经历了创建性格导向投资组合的四个步骤，可能会发现在前三步中已经对策略做出了充分完善，使得第四步的最终证券选择并没有想象的那么艰难。对于许多投资者而言，在这个阶段可以轻松决定购买什么证券，但买入之后却会面临一个共同的问题：什么时候卖出？如果你投资的证券让你赚了很多钱，你应该什么时候卖出它或者继续持有？如果你投资的证券正在亏损，你应该及时止损还是等待它反弹？如果你是一个长期投资者，并倾向于买入和持有，你是否需要进行管理？又该如何应用资金管理技能？

在本章和下一章中，我们将讨论如何管理自己所构建的投资组合。本章介绍了持有证券时所需要了解的信息，而下一章则会讨论决定出售时需要考虑的事项。我将以股票为例来进行说明，但相同原则可以很轻松地被应用于其他资产类别。

资金管理

你购买股票是因为你认为或希望它会上涨。如果价格涨得足够高，你就会卖出它以兑现利润。那再好不过了，但如果它并没有上涨而是下跌呢？你该拿它怎么办？又该怎样去操作呢？

在“了解自己”一章中，已经介绍了四种不同的投资管理风格。投资者在兑现利润和削减损失方面的行为是由自己的喜好决定的，每个人都各不相同。虽然我们中的一些人可能并不完全归属于4个象限之一，但我们可能在内心深处知道哪一个象限最适合描述自己的行为。

针对资金管理有许多方法，但它们的基本原则大多是从这个概念演化出来的：保护下行风险，上行风险将会自行解决。当这一原则应用到股票投资时，它意味着最重要的考量应该是管理自身潜在损失。如果你能做到这一点，那么随着时间的推移，你很有可能盈利。

大多数成功的投资者和交易员都使用同样的原则。在进行任何投资之前，他们都会考虑一旦自己决策错误会产生的后果。损失是否可控？与潜在收益相比，潜在损失值得承担吗？是否有减少损失的方法？

聪明而成功的投资者永远不会让一次糟糕的投资毁掉自己，对于股票等证券投资而言尤其如此。永远不要在一只股票上押上大量资产，因为它的损失会让你彻底崩溃。做到这一点的关键是拥有多样化的股票投资组合。

成功的股票投资者如何保护自己的下行风险？答案在于他们如何管理自己的“止损”或“亏损评估”点。止损点是投资者决定减少损失的价格点，即何时卖出股票。亏损评估点，或简单地将它称为评估点，是投资者重新组合、重新考虑和评估自己应该继续持有还是卖出的价格点。可能有时评估的结果较为乐观，而投资者认为市场出错，结果也许会买入更多股票。不过要注意的是，当一个人处于亏损状态时，增加投资是一种高风险的策略，该执行计划只有经过深思熟虑的老练投资者才应尝试。

在下文的讨论中，我将使用“止损点”一词来指代止损点和评估点。当投资达到止损点时，你是会做出及时止损的行为，还是利用这个机会重新评估自己的投资，这取决于你的投资管理风格。对于忙碌蜜蜂型和勤勉小鹿型投资者来说，止损点通常意味着在亏损状态下卖出投资的股票，以及时止损，而及时止损并不是谨慎螃蟹型和自我大象型投资者的行事风格，止损点对于他们来说通常只是意味着需要做出自我投资评估。

有许多方法可用于确定和管理投资者的止损点。让我们来看看最常用的 3 种方法：

重要节点

确定一个重要的技术点位（或基于分析的任何点位），并将止损点设置在该点位之下。

风险/回报率点

确定自己想要的风险/回报率，该比率不应低于 1∶1.5（理想情况下应为 1∶2 或更高）。确定自己的获利点位置，再根据比率反向设置止损点。或者也可以采用另一种方式完成：首先确定特定止损点，再根据期望比率设定获利点。

追踪止损点

确定一个预设量或百分比，或是重要止损点。如果证券价格涨了，则提高止损点，如价格跌了则不降低止损点。对于“重要”止损点，可以根据自己的偏好任意确定，并定期重置，尤其是在股票发生显著上涨之后。

下面我们来举例说明如何使用上述三种方法设置止损点。渣打银行（Standard Chartered PLC）在香港证券交易所（HKSE）的 2017 年交易价格图如下：

资料来源：辉立证券集团股票曲线图

在关注该股一段时间之后，你决定在5月2日前后以72.50港元左右的价格买入该股。根据你的风险偏好，以下是一些可能的止损点：

重要节点。4月份的近期低点为68.25港元，如果这是你在此次交易中愿意承受的所有损失，可以将止损点设定为略低于68港元。但如果你有更雄厚的资金，则可以将止损点设置在年度低点以下，如低于62港元甚至更低金额。

风险/回报率点。根据你的分析，你认为该股会从你的入场价72.50港元上涨约20%，达到约87港元的价位。如果你认为1:2的风险/回报比率足够理想，那就意味着你可以承担10%的风险，即7.25港元。在这种情况下，你可以将止损点设定在65.25港元。

追踪止损点。你认为股票有很大的上涨空间，如果你的判断正确，你愿意继续持有，并通过设定约为当前价位6%的止损点来限制自己的损失金额。入场时，你的止损点约为68.15港元，刚好低于4月份的最低点。但请注意，该止损点不会因为未来几天股价下跌而降低，却会随着股价上涨而提高。例如，当该股在5月16日收于76.85港元时，追踪止损点将升至72.20港元，维持在6%以下。

让我们看看三种止损方法分别会给你的投资带来什么变化：

重要节点。5月5日，你安然度过了最初的负市值阶段，此后一帆风顺。何时何地兑现利润将取决于你的交易策略和投资管理风格。

风险/回报率点。你的止损点离风险/回报率点还有很长的距离，因此投资从未受到威胁。如果你坚持最初的“回报率”点，即20%的上涨，达到每股87港元，那么你将在8月1日股价至88.90港元的高点时交易获利。

追踪止损点。在5月5日的下跌中，并未达到你的初始止损点，在5月底和6月底的股价回调中，该股并未跌至72.20港元，因而再次幸存下来。如果你忠实地遵循这一方法，在8月1日的大幅上涨后，追踪止损点将会提高至82.95港元，低于88.25港元的收盘高点6%。在这种情况下，你应该会在2天后，也就是8月3日渣打银行股票跳空低开，开盘价为82.40港元时止损获利（尽管上半年税前利润增长82%，但由于低股息而导致了抛售）。

上文中的例子并非为了说明某种止损方法优于另一种。一切取决于标的股票和投资者选择的止损点。上述例证主要是为了阐释一个观点：如果投资者充分考虑止损点的设置，运气好的话，它既可以防止大规模损失，也能够控制盈利。

严格的止损点可能会导致频繁的小损失，但如果设置较为宽松的止损点，一旦触发，可能意味着重大亏损。你必须根据自己的策略和投资管理风格来决定哪种方法更适合自己。

在任何投资中，你都无法判定自己是否正确。设置止损点可以强迫自己对投资状况做出评估，这是一项纪律性较强的谨慎做法，无论你的投资管理风格是什么，都应该考虑去做这件事。

对于忙碌蜜蜂型和勤勉小鹿型，你可以使用三种方法中的一种或多种来帮助自己设置止损点。而对于谨慎螃蟹型和自我大象型，虽然你的自然风格偏向于不愿止损，但仍然值得使用上述止损方法来评估自己所持有的股票。止损点并不是卖出股票的自动触发点，而是如果你遗漏了重要信息，或者在最初的评估中明显出错，需要重新做出评估的标志。

上述资金管理方法是倾向于技术的交易者的实用工具。值得强调的是，这些方法也独立于技术分析，没有受过技术分析培训的任何人都可以使用。从示例中可以看出，你可以根据任何自己倾向的方式来设置止损点，或者只是一个随机数（如6%），它可能与关键的技术图表点相对应，也可以不对应。止损方法是资金管理技术，而不是技术分析技术。

资金管理由止损和获利组成。我们在这里主要讨论了止损方法，而下一章“何时卖出”将带你考虑如何获利。现在，让我们先了解一下再平衡的概念。

再平衡

上文中讨论的技术为你提供了最大化利益和最小化损失的机会。因此，如果你擅长技术，并且足够幸运地选择了继续持有盈利股票以不断获利，你可能最终会得到一个优选盈利股占绝对压倒性优势的投资组合，这通常是一个好问题。

然而，这也意味着你的投资组合现在严重倾向于证券，资产/策略配置可能存在不平衡问题。你的投资组合现在是否已经达到最优多元化了？如果这些盈利的股票开始迅速下跌，又会发生什么？

这就是再平衡的概念最有帮助的地方。如果你是倾向于买入并持有投资组合较长时间的投资者，持有时间通常超过一年，那么再平衡也是必不可少的。你有没有想过，在你的长期持有期间，你是否需要对自己的投资组合做些什么？我们讨论过当你的投资组合中某些股票比其他股票上涨更多时会发生什么，相反地，如果你中意的股票大幅下跌，但仍然在你的止损点之内又该何去何从？为解决股票投资组合内的再平衡问题，让我们先退后一步，来看看资产配置层面上的再平衡问题。

再平衡是总体资产配置中经常采用的概念。建立初始资产配置组合之后，由于每种资产类别估值随着市场和证券选择的变化而上下波动，这种组合也会发生变化。投资者必须定期卖出表现良好的资产，并买入表现不佳的资产，以使资产配置组合符合其最初预期。再平衡是持续保持资产配置符合预期的必要举措，而且通常非常有效，因为资产类别往往倾向于“回归均值”。虽然对于单一股票而言并非总是如此，但长期应用于整个资产类别时，这一原则仍然适用——有涨必有跌，反之亦然。因此，随着时间的推移，再平衡往往会从这种均值的回归中获益。

让我们来看一个例子。彼得（Peter）的股票/债券/现金配置为 50/40/10：

股票 5 万美元（50%）

债券 4 万美元（40%）

现金投资 1 万美元（10%）

他希望每个季度重新调整一次投资组合。在上一季度，股票上涨了 20%，债券下跌了 2. 5%，现金保持不变。彼得的总资产组合价值已由 10 万美元增至 10. 9 万美元，资产组合比例已由 50/40/10 改变为 55/35. 8/9. 2：

股票 6 万美元（55%）

债券 3. 9 万美元（35. 8%）

现金投资 1 万美元（9. 2%）

由于当前资产配置已大幅偏离原计划，因此可能需要对其进行再平衡操作。要将 10. 9 万美元的投资组合恢复到最初的 50/40/10 比例，每个资产类别的金额应该是 54500/ 43600/ 10900 美元。为了实现再平衡，彼得必须在整个投资组合中卖出价值 5. 5 万美元的股票，并将所得资金用于买入价值 4. 6 万美元的债券和 0. 9 万美元的现金投资。完成上述操作之后，他的资产配置比例将回到 50/40/10。

再平衡可以而且应该在投资组合的各个层面中进行。在最高层面中，应该重新调整到自己想要的资产配置。在每种资产类别中，应该定期平衡至自己的期望配置。在每种策略中，还应该定期重新平衡为正确的证券组合。

大多数投资者都了解在整体投资组合层面上进行资产配

置的必要性。许多人也会在资产类别层面进行再平衡，尤其是当投资组合规模较大时。但是，在每种资产类别中，再平衡似乎都不受重视，这可能是因为许多投资者在每种资产类别之中没有进行“配置”。

资产类别中的“配置”是什么？在股票策略的章节中，我们推荐了3种策略，并根据你的投资管理风格推荐了不同的组合，那就是股票投资组合中的配置。当我们深入研究每种策略时，你也可以从每只股票的美元价值或百分比组合着手，按需配置，并周期性地将股票再平衡为初始期望策略。

如果你不想偏离自己经过深思熟虑的初始策略，那么再平衡是很重要的。但是如果估值变化很小，确实无须进行再平衡。对于散户投资者来说，再平衡做出的微小调整毫无意义，因为小额交易的成本高得不成比例，令人望而却步。因此，我建议每6个月或每年进行一次再平衡，或者当投资组合的估值变化超过几个百分点时再进行再平衡操作。

让我们以彼得的股票投资组合为例：彼得是勤勉小鹿型投资者，他将5万美元配置于股票投资组合。年初，他的股票分布如下：

收益率（分红）40%（2万美元）

长期资本收益40%（2万美元）

短期交易20%（1万美元）

这一年股市行情较好。第二年1月初，彼得检查了自己的股票投资组合，得出了以下估值：

收益率（分红）22000 美元

长期资本收益 35000 美元

短线交易 13000 美元

彼得的投资组合从 5 万美元升值到 7 万美元，上涨了 40%，与市场相比，这是惊人的收益！如果彼得希望进行投资组合再平衡，理论上他应该首先从资产配置层面开始重新平衡。在这种情况下，如果他的其他资产类别表现不如股票，那么彼得应该卖掉他的一些股票来购买其他资产类别，就像上文中的例子一样。

但是现在，让我们暂时将资产配置层面的再平衡搁置在一边，只关注股票组合再平衡的过程。假设彼得想要重新平衡自己的股票投资组合，因为其股票策略比例已经达到了 31.4%/50%/18.6%，那么，彼得必须做出如下改变：

收益率（分红）　买入 6000 美元→28000 美元

长期资本收益卖出 7000 美元→28000 美元

短期交易买入 1000 美元→14000 美元

这样一来，彼得的股票组合就会恢复到去年年初设定的 40/40/20 初始比例。

彼得应该重新平衡或卖出每种策略中的哪些股票？理想情况下，再平衡也适用于筛选每种策略中的股票。例如，彼得在不同权重的长期资本收益策略中有 4 只股票。假设彼得在接下来的一年之中仍想持有这四只股票，那么他需要这样做：

	1月1日估值	12月31日估值	继续持有	采取行动
股票 A	6000 美元 （30%）	14000 美元	8400 美元 （30%）	卖出 5600 美元
股票 B	6000 美元 （30%）	10000 美元	8400 美元 （30%）	卖出 1600 美元
股票 C	4000 美元 （20%）	8000 美元	5600 美元 （20%）	卖出 2400 美元
股票 D	4000 美元 （20%）	3000 美元	5600 美元 （20%）	买入 2600 美元
总计	20000 美元	35000 美元	28000 美元	净卖出 7000 美元

从本质上讲，在再平衡过程中，我们卖出升值的股票，买入贬值的股票，使最终组合回复到最初配置。如果我们对每个层面始终如一地应用相同原则，那么再平衡工作结束时，我们将得到一个在每个层面上都重新实现了平衡的股票投资组合。

上述例子的前提是，假设你的观点在这段时间内没有改变，你仍希望继续以同样比例持有自己现在所持的股票。你可能会认为，一个人长期持有相同股票而不改变观点是无法想象的。然而，对于被动投资者而言，尤其是在收益率策略的层面，这种情况完全有可能发生。

投资者完全有可能——事实上很有可能——多年来始终坚持持有相同收益率策略的股票。假设在收益率策略中有 10 只房地产投资信托基金股票的投资组合。该类型股票的特点之一是，它们倾向于围绕账面价值或“均值”进行交易，除非产生新的收购行为或对账面价值进行大幅更改。因此，如果房地产投资信托基金的股票交易价格远远高于其平均水平，那么随着时间的推移，它往往会回落，反之亦然。以下是新加坡证券交易所上市时间最长的房地产投资信托基金股票之一，凯德商用新加坡信托（CapitaMall Trust）的股票走势图：

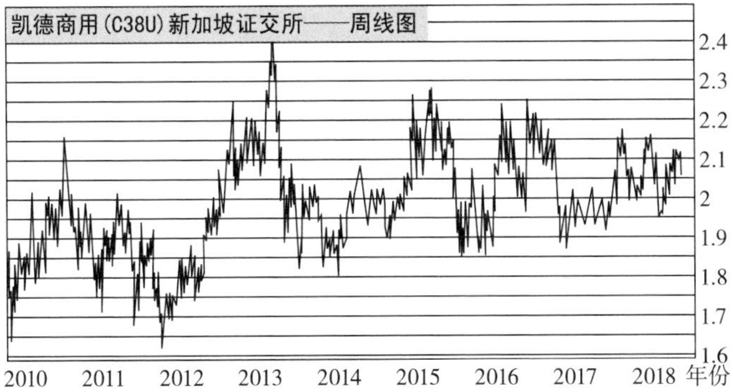

资料来源：辉立证券集团股票曲线图

全球金融危机爆发后，其股价一直在1.615新元至2.45新元之间波动。仅看历史图表而不进行任何科学计算，其“均值”约为2新元。如果你以2新元左右的价格购买了这只股票，且没有对其进行任何操作，你便可以在这段时间内获得平均5.5%左右的收益，这是相当可观的。

如果你选择在此期间内重新平衡股票，你会在股价明显高于均值或成本时卖出，在其远低于均值或平均成本时买入。因此，再平衡过程会提高你的长期收益。

在投资组合层面，定期重新平衡房地产投资信托基金股票组合的投资者，可以在其处于高位时出售一部分，并在低位时同样买入一些。

对于那些投资组合变动不大的长期投资者而言，再平衡是非常必要的。如果你是一个活跃型投资者，那么应该时刻确保自己买入或卖出的每笔新交易不会导致配置不均衡。因此，你的投资组合在大多数时候都应处于平衡状态，你对于重大再平衡的需求将大大减少。

再平衡通常被视为一种单调的做法，散户投资者往往会倾向于避免或忽略它。因为它很乏味，而且需要抽出时间才能完成。如果在适当的时机或频率执行，它可以确保投资组合始终符合预期策略。随着时间的推移，如果市场恢复到均值水平，它便可以很好地发挥作用。对于所有投资者来说，最好每年进行一次再平衡操作。

第九章　何时卖出

现在，你已经学会了如何构建和管理自己的定制投资组合，那么是时候讨论在投资之中，除了购买之外的另一个最重要事项了：什么时候卖出？

和之前一样，我将继续以股票为例来说明何时售出的原则。你可以将这些相同的原则应用于投资组合中的其他资产类别。

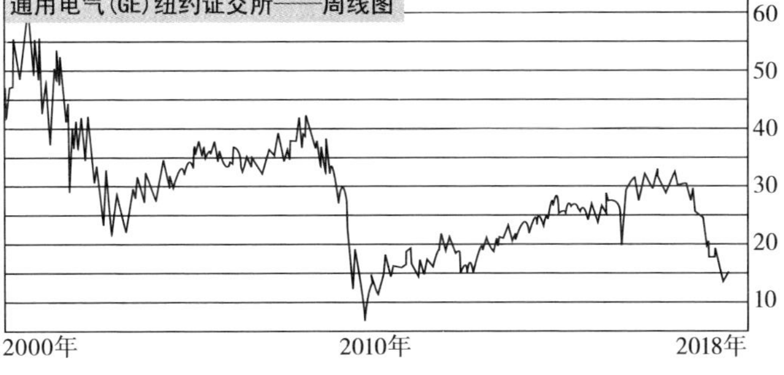

资料来源：辉立证券集团股票曲线图

让我们从几只股票开始吧。那些在 2000—2010 年买入

“领头羊”股票通用电气，并因为它“蓝筹股”的身份而持有至今的投资者可能会困惑于自己哪里出了错。

如果你在2010—2020年期间购买了像腾讯公司这样的成长股并持有至今，可能还情有可原。因为投资者也许认为腾讯将持续保持上涨，所以完全没有必要将其卖出。

纵然你是一个非常长期的投资者，但你仍然需要知道什么时候该卖出自己投资组合中的股票。过长时间持有一只像通用电气这样的股票，可能会给你带来巨额损失。

资料来源：辉立证券集团股票曲线图

过早卖出像腾讯这样的股票，你可能会为自己错过了后面的反弹而捶胸顿足，悔恨不已。

如果你的投资管理风格是勤勉小鹿型或自我大象型，而当时的股价离你设定的止损点尚有很大的距离，完全不会触发，你会选择何时卖出通用电气和腾讯这样的股票呢（不考虑后期因素)？

如果你是忙碌蜜蜂型或是谨慎螃蟹型的投资者，可能不会在腾讯公司的股票中获得太多利润，因为你的投资风格决定了你会过早地兑现利润。如果你在2000年或2016年购入了通用电气股票，那么除非你在不久之后便及时止损，兑现利润的机会十分渺茫，甚至可能将该股票持有至今。那么对于这只股票而言，你又该何时卖出呢？

常见卖出情况

以下是投资者常用的3种卖出策略：

股票达到盈利目标

这个卖出目标可以基于固定量、百分比、技术目标，或基于对投资者有价值标准的卖出值。

股票达到止损点

当股票达到预设止损点或追踪止损点时，则本条适用。到达追踪止损点时，并不一定意味着投资者已经产生亏损，因为这可能只是一种谨慎方式，以确保当股票因任何原因停止近期上涨态势时，投资者不会损失全部收益。

强制卖出

这可能是三种情况中最糟糕的一种，投资者被迫售出股票，原因可能是该证券的亏损导致了追加保证金通知，或者是投资组合其他部分的损失过重，需要投资者尽可能卖出股票以弥补损失。

很明显，我们试图避免第三种情况，即强制卖出，因为那样会让我们失去主动控制权。尽管我们不喜欢赔钱或赚得比我们“应得”的要少，但为了保住本金，经常需要止损卖出。要接受这种损失可能是最艰难的，而且这种情绪不会随着时间的推移而好转起来——我们最多所能做到的不过是更好地处理情绪而已。三者之中最令人向往的是兑现利润，及时抽身。但由于人性贪婪，这对于许多人来说都是非常困难的。

在本章中，我们将对前两种方法做详细介绍。

关于何时卖出的最重要规则为：**当你最初的持有原因已不再成立时，将其卖出（规则一）**。这条规则高于一切。它看似简单，但是它到底意味着什么，又该如何应用呢？

这条规则意味着我们必须首先明确自己持有股票的原因。审视一下你现有的股票投资组合——你能肯定地说出为什么它包含某只股票吗？你买它当然是为了从中获利，但你为什么要买它？这是一场短期赌博还是一场长期价值游戏？是基于技术图表还是发布的新闻？投资原因模糊是一个非常普遍的问题，特别是对于我们许久前买入的股票，或在动荡的市场中所买入的股票而言。

因此，第二条规则是：记住你做出投资的原因（规则二）。

有时候，你可能出于特殊原因买入了股票，却出于完全不同的原因将其保留在自己的投资组合之中。例如，你认为市场对于某只股票财务业绩的预期过于悲观，因此买入该股。事实证明你是正确的。随后的股票上涨令你感觉良好，你认为从根本上来说，这是一只值得投资的优质股，应该纳入你的投资组合之中。因此，你当时是因为市场对它财务业绩的错误定价而买入该股票，现在却因为它是一只优质股而继续持有。

或者也可能出现恰恰相反的情况：你认为某只股票会带来收益，因此买入了。你的判断是正确的，公司收益良好，但市场却认为其结果低于预期而抛售股票。股价跌破你的成本，但你仍继续坚持持有，因为你认为公司的利润仍在增长，一定会有良好的表现。

这两个例子听起来熟悉吗？那么你现在该怎么处理股票呢？是应该出于坚持自己最初的理由而卖掉股票，因为买进的原因已不再成立；还是基于新的理由继续持有？如果持有的话，又该何时卖出？这一切是不是令你感到非常困惑？

请不要让自己陷入这种境地！否则一段时间之后一切都会变得非常混乱。我建议你只需遵循规则一，如果最初的购买原因已经消失或改变，但你出于其他原因仍然看好该股票，那么就以清晰的头脑和新的理由再次购买该股。这不会产生额外的交易成本吗？是的，如果你以同样的价格卖出并立即回购的话，会带来额外的交易成本。在你这样做之前，问一问自己："如果你之前没有那只股票，新理由足以支撑你买入该股吗？"对于许多投资者而言，答案可能是"不会""可能"或"如果股价低一点就买入"。而对于那些以响亮的"是的，我现在就买"。作为回答的人来说，如果你真的确信自己购买该股票的新理由非常充分，那么一定要保留该股。但是要记住你的投资组合之中有这只股票的新原因，以免日后混淆。

大多数人不会承认这一点，但很多情况下并非是你的理由发生了变化，而是你的思想改变了。你不愿意兑现利润或及时止损，并试图在自己的脑海中提出新理由以证明继续持有的必要性。请千万不要这样做。因此我们可以得出**规则三：不要中途改变自己持有证券的理由。**

以上三条规则可以指导你何时卖出股票，但你仍然需要明确最重要的一点——持有股票的原因。持有原因包括什么？简单的思考方法是："我的股票策略是什么？""你为什么想要买入这只股票？"

在"股票策略"一章中，我们推荐了三种策略：收益率（分红）策略、长期资本收益策略以及短期交易策略。你是基于这三种策略中的某一个才买入的股票。下面让我们分别讨论基于每个原因而买入的股票应该何时卖出。

收益率（分红）策略

买入原因

基于该股票的高股息收益率

何时卖出

当股票股息、股息收益率或两者均在下降时。

这一原因可能看似直观，但请注意，虽然购买股票的原因可能出于股息收益率，但关注内容也应该包括股息量。让我们用一个例子来解释这样做的原因：

移动电话运营商第一通（M1）是在新加坡交易所交易的高股息收益率股票。在手机普及率已经非常高的激烈竞争市场环境下，第一通股票在 21 世纪初期的吸引力在于其稳定的收益及其收益的高百分比分红。

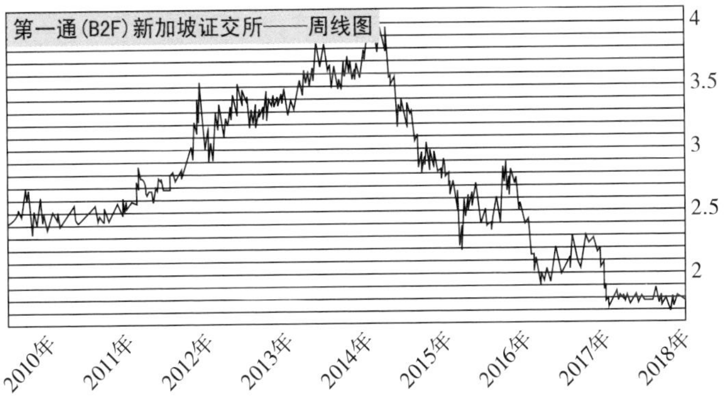

资料来源：辉立证券集团股票曲线图

在 2010 年初，第一通的股息收益率曾达到 5% 左右。但随着竞争加剧和运营环境的结构性变化，利润开始下降。例如由于通过数据和应用程序的通信使用率增加，导致国际和国内的语音业务收入下降。当股价从 3.5 新加坡元以上跌至 2.5 新加坡元左右时，股息量也随之下跌。虽然股息收益率仍然很高，但在 5% 左右的区域之内，股息量已下降了三分之一。如果你不提高警惕，可能会轻易地继续认为股票表现不错，因为股息收益率仍然很高。

你应该怎么做？如果你从2010年开始持有该股票，就必须决定股息数量的下降是结构性还是周期性的。如果你的结论是，市场竞争过于激烈，收入可能会继续面临挑战，那么你可能会决定卖出。高股息收益率股票并不意味着你可以忽视商业环境和利润趋势。请注意，在这种情况下，即使整个股票价格下跌，股息收益率仍然可能相对较高且稳定，因此跟踪股息额与收益率至关重要。

请记住，拥有股息型股票并不意味着不关注收益。股票下跌造成的损失很可能会超过股息收益。

长期资本收益策略

在长期资本收益策略中涵盖了两种类型的股票：成长型股票和价值型股票。

（一）成长型股票

买入原因

买入原因为公司展示出来的非凡增长，无论是利润、收入或客户买入方面。

何时卖出

当它的增长已经趋于成熟，开始急剧放缓或表现常常令人失望时。

了解增长放缓的原因，例如，消费者接受度较低、资金消耗率较高、竞争异常激烈或出现新的竞争、意外的监管限制或管理层执行不力等。你需要全面评估公司是否仍然可能继续强劲增长，并从以下三个选择之中做出决定：

暂时持有——现在还为时尚早；在重新评估公司并做出最终决定之前，给股票多一点时间（例 3 个月）来证明自己。

继续持有，甚至买入更多——增长态势并未产生问题，或者它面临的问题是暂时的，公司可能会恢复其增长轨迹。

卖出——增长已经完成，或者未来前景并不被看好。公司股价增长可能从现在开始放缓直至停滞，或者所面临的挑战已经大于公司所能克服的程度。

以下是一只创业板上市以来的成长型股票走势图：

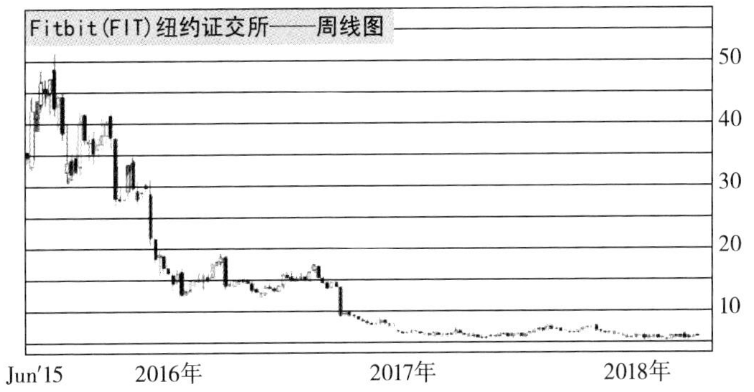

资料来源：辉立证券集团股票曲线图

Fitbit 是可穿戴电子配件的全球领先品牌之一。该公司于 2015 年 6 月在纽约证交所上市，新股发行价格（IPO）20 美元飙升至 50 美元。不过，苹果（Apple）、三星（Samsung）、佳明（Garmin）和卓棒（Jawbone）等其他制造商的竞争加剧，很快就让其期望值面临现实考验。2015 年末，问题开始浮出水面，包括对心率监测准确性的诉讼以及 Fitbit Blaze 智能健身手表等新产品的担忧。该公司未能从低于新股发行价格的下跌中恢复过来。此后，尽管该产品仍备受追捧，但股价却始终远低于其新股发行价。如果你从首次公开募股时便开始持有 Fitbit，那么在你持有过程中，会有过几次动摇，挑战它继续作为一家成长型公司的概念。除非你认为即使过去几年中经历了种种挫折，Fitbit 仍然是一只成长型股票，否则你早就应该及时止损，转向其他投资。

记住，你对于成长型股票的看法并不总是正确的，因为这是一种高风险、高回报的策略。如果你认为自己错了，那就及时止损，转向更好的投资。

（二）价值型股票

买入原因

买入原因为股票交易价格低于你所认为的公允价值。

何时卖出

当股票不再低于你认为的公允价值时卖出。

你可能会买入估值过低的股票，因为你倾向于基础业务，而市盈率、市净率和企业价值/税息折旧及摊销前利润等共同价值指标低于该股的历史平均水平或同行业平均水平。

定期跟踪股票表现。如果你的股票在一段时间后没有恢复到你认为的“公允价值”，那么是时候重新审视自己的最初观点、假设和公司基本面，以确定之前是否遗漏了任何关键实情。无论股票是上涨或下跌，都应该问问自己，自从你买入该股票后，公司的表现是否如你所预期的那样？公司或公司运营的部门是否有变化？从本质上说，你需要不遗余力地弄清楚股票上涨或下跌的原因。

无论股票是反弹或是疲软，你必须在评估后做出如下两个选择之一：

持有——事态并没有恶化，你仍然认为股价恢复到“公允价值”只是时间问题。

卖出——也许是你一开始判断错误，也许是基本面发生了恶化，或者股价已经反弹至你认为的公允价值。如果股票在你看来已不再处于被低估的状态，那么可以将其卖出。

重要的是必须记住，“价值”的概念远比“增长”更主观，而且你很容易犯错，因为市场表现可能并不会符合你的预期。耐心是一种美德，但这并不等同于固执。尽管价值型股票可能不像成长型股票那样剧烈波动，但不要对表现不佳的股票恋恋不舍。时刻准备好评估和重新评估，特别是当股票没有恢复到你预期的公允价值时。

早些时候，我们以中国银行作为价值型股票为例做了介绍。2016 年初，中国银行股票远期价格与账面价值之比约为 0.5，因此该指标被严重低估。它在 2016 年和 2017 年逐渐回升，2017 年底市盈率约为 0.6。

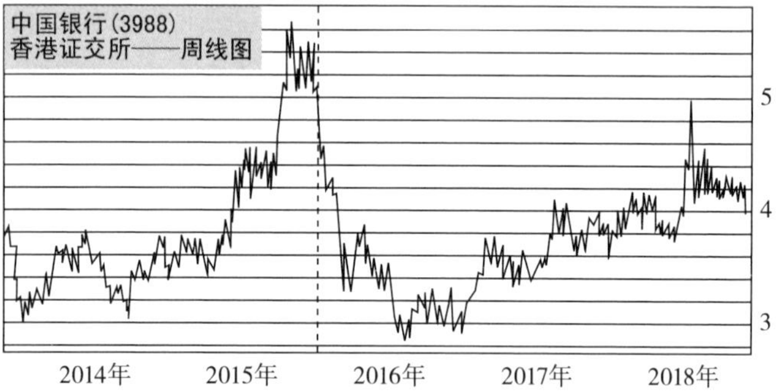

资料来源：辉立证券集团股票曲线图

你应该何时卖出股票？这取决于你认为该股票是否达到了公允价值。例如，你知道中国银行近期的平均市盈率是多少吗？你认为这是它的合理市盈率吗？如果历史平均市盈率为0.6左右，或者你认为股票的合理市盈率为0.6，那么中国银行股票可能在2017年底就已经恢复到了“公允价值”。如果这是你的观点，你可能会选择将其卖出。但如果你认为即使是在市盈率为0.6的情况下，该股仍被低估，你可能会选择继续持有该股，并希望其反弹至0.7或更高市盈率。

此处的关键信息为，当你买入有价值型股票时，你必须记住自己所追求的价值衡量标准。只有这样你才能决定何时将其卖出。

短期交易策略

以下是我们在上文中提到的五种常见交易次级策略：主题交易、相似效应交易、错误定价交易、技术交易及投机交易。

让我们根据这些次级策略来看看何时应该卖出所持有的股票：

（一）主题交易

买入原因

买入原因为特定主题，你希望该主题可以很快在市场中体现出来。

何时卖出

主题选择错误或主题结束时。

此处所关注的是短期主题，这些主题选择的正确与否可以很快被证明。如果你的主题没有发挥出来，说明你的选择错误；如果你的主题被市场接受，那么你也许判断正确，也许错误。以下是如何处理主题交易股票的选项：

- 暂时持有——你确信该主题即将被选中，或者正在逐渐酝酿，只是仍需时间催化。短期内应对其进行重新评估（如一周内）。

- 卖出——你关于主题的观点是错误的，或者你的主题并未被广泛接受，又或者是没有达到预期影响或预期表现。那么无论当时股价高于或低于你的买入价格，都应将其卖出，因为主题已经结束，而你的成本与其无关。

这是一个短期策略。如果主题需要较长时间才能发挥出来，需要注意的是你的主题可能是错误的，也可能永远不会发挥出来。如果已经超过了预期时间，主题却并没有发挥作用，请不要抱着希望继续持有。同样地，即使你的主题选择无误，你也并非一定从中获利。因为你可能会选股失误，或者市场反应会与你的预期不同。无论你的股票是涨或跌，当你的主题已经在市场充分消化并得出定价时，请将其卖出。

在上文的例子中，苹果和 iPhone X 的发布日销售主题（第 4 章“股票策略”）出人意料地上涨，那么在 2017 年 10 月 27 日或之后不久你便会知道自己的选择正确与否。一旦你认为市场已经完全消化了 iPhone X 的整体销量，及其可能对苹果公司利润产生的影响，你就应该在不考虑盈利或亏损的情况下卖出股票。

（二）相似效应交易

买入原因

买入此类型股票的原因为，你认为该股票落后于同行业股票，并希望它能升至同样水平。

何时卖出

当它不再落后于同行业股票，或者其他因素已经压倒了相似效应主题。

你预计自己选择的相似效应股票会迎头赶上，但是真会如此吗？以下是你的选择：

- 暂时持有——你仍然相信自己的相似效应股票将在同一主题/行业赶上先行者，或者它已经开始追赶的过程。短期内应对其进行重新评估（如几天内，时间不应超过一周）。
- 卖出——你对于追涨股票的看法是错误的，或者你在该主题/行业下选择了错误股票，或者其他更主要的因素压倒了相似效应的主题，又或者它确实如预期般赶上了其他同行业股票。那么无论其价格高于或低于买入价，都应将其卖出。

验证相似效应交易通常只需要等待几天，便可以知道自己是否做出了正确判断。它很少需要超过一两个星期的时间，因为在该周期之后，其他主题或新闻可能会取代它成为主要的驱动因素。记住，即使你的整体主题是正确的，你的相似效应交易可能并不总是会跟上形势。一旦其他更重要的新闻或因素占据主导地位，就是时候放下它转投别处了。

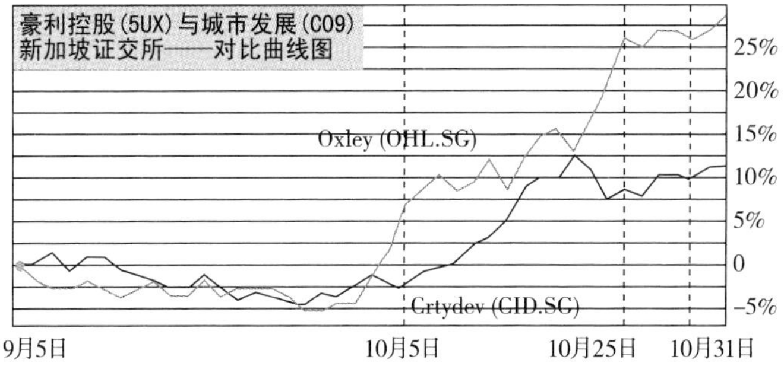

资料来源：辉立证券集团股票曲线图

在城市发展和豪利控股的地产类股案例（第 4 章）中，豪利控股的股价几乎立即对房地产价格数据做出了反应并反弹：

如果我们将房地产行业的反弹暂定为 10 月 2 日，及看涨数据公布的那天，那么将豪利控股和城市发展的百分比变化进行对比可表明：城市发展从 10 月 5 日起的相似效应表现到 10 月 16—20 日为止几乎与豪利控股达到了同一水平。如果你在 10 月 5 日购买，那么仅过了一星期有余的时间。这也是大多数情况下，你会知道自己所选择的相似效应股票是否正确的时间。

在另一种情况下，假设你在 10 月 25 日看到了相关资料，认为城市发展是豪利控股的相似效应股票，并决定购买，因为你觉得城市发展会重演豪利控股 10 月 21 日的反弹，那么你可能会非常失望。因为在接下来的时间里，城市发展的股票表现并未与豪利控股之前的表现一致。到了 10 月 31 日时，你应该考虑卖出城市发展，因为你的相似效应策略显然不起作用。城市发展的股价高于你的买入价这一事实可能并不能算作盈利——但即使价格更低，你也应该将其卖出。

（三）错误定价交易

买入原因

你买入原因是其定价错误。

何时卖出

当不再出现定价错误，或者你发现自己的观点错误时。

股票可能会因为短期新闻影响或公司行为而“定价错误”。前者取决于一个人对某只股票的主观估价，而后者通常具有可以客观确定的估价。以下是你何时卖出的选择：

暂时持有——你相信市场会认识到自身的反应过度了，股票会回到你的“正确”估价，或者股票已经开始按照你的预期做出反应。你应该在很短的时间内，如一两天内重新进行评估。

卖出——你的判断错误，或者你严重低估/高估了新闻的影响，或者股价已经如你预期达到了“正确”的价格。那么无论其价格高于或低于买入价，都应将其卖出。

你需要掌握每一个细节，才能有足够的信心应用这个策略交易。这是一种非常短期的策略，你必须做出快速兑现利润或及时止损的决定，有时甚至是在日内。没有理由持有一只被视为短期“错误定价”的股票超过必要时间。无论你的判断是否正确，在市场对新闻或公司行为做出充分反应后，立即卖出并开始寻找下一个机会。

（四）技术交易

买入原因

图表上的技术信号。

何时卖出

当背离你的图表信号，或者已经达到兑现利润或止损设定值时。

如果你使用技术图表来决定何时买入，那么你应该忠于策略，同样使用图表来决定何时卖出。大多数技术交易员在决定交易时都有明确的买入点和卖出点。然而，还有一些投资者使用技术图表来决定何时买入，却没有明确的兑现利润或止损目标值。

以下是你所需要做出的决定：

暂时持有——你的技术图表模式/信号仍然有效，但股票还没有达到你的兑现利润或止损设定值。你应该根据图表的更新频率定期重新评估。

卖出——已经达到你的兑现利润或止损设定值，或者背离了你的图表模式/信号。那么无论其价格高于或低于买入价，都应将其卖出。

如果你按照明确的买入和卖出点，凭借技术图表进行交易，那么祝贺你，因为你无须帮助就能决定何时卖出了。如果你缺乏系统性，没有明确兑现利润或止损设定值，那么你需要记住一件事——当你遵循的图表模式或信号背离目标时，就卖出所持股票。

例如，如果你在股票上一次的高点之前便买入了该股，并希望有强劲的买盘或其他买家的“支撑”，那么如果股票跌破了“支撑”水平，你必须及时止损。虽然你可以给自己多一点空间，在低于支撑点的小范围内止损，不过你必须足够自律地在止损设定值达到时卖出股票。

你不应该因为什么适合自己而在基本面交易和技术交易之间不断切换。例如，如果某只股票的技术交易理由不再成立，请不要继续持有它，并试图辩解是因为你看重该股票的基本面。请记住**规则三：不要中途改变自己持有证券的理由。**

（五）投机交易

买入原因

基于推测而买入。

何时卖出

当你的推测理由得到证实或不再成立时。

这里的投机交易指的是任何你希望“低买高卖”的交易，原因与上述策略均不相同，它通常是基于有根据的猜测或对短期波动的押注。

要知道何时应该卖出自己所持股票，你需要考虑：

- 暂时持有——你继续相信股票走势会朝着你预想的方向前进，尽管它尚未有所动作或者已经开始移动，但还未达到你的目标水平。你知道自己这一做法的原因，因此应根据你自己的时间表来定期重新评估。

- 卖出——你开始怀疑自己的观点/理由，或者股票走势并未按照你的意愿或预期来移动，或者股票正在下跌，又或者你的目标已经达到。那么无论其价格高于或低于买入价，都应将其卖出。

不管是基于何种原因进行交易，有一件事你必须非常清楚，那就是规则二。如果你对于这个行业没有做过太多研究，或者仅仅基于直觉、有根据的猜测或其他适用于你的原因，那么你最不能做的就是忘记当初投资的原因！

记住你作出投资的原因至少会提醒你检查该原因的有效性。如果没有其他的原因，那么它会提醒你的投资是基于短期猜测，不应该将其转为长期持有，并试图用其他理由解释它（规则三）。

投机交易的原因也许多种多样。例如，你可能会购买期望居民消费价格指数（CPI）数据发布量低于预期的股票。如果是这样，那么你应该在数据发布后立即决定卖出，或继续持有股票一段时间。如果居民消费价格指数确实较低，那么可以预期你的股票将会上涨。在这种情况下，你应该根据居民消费价格指数数据的“意外”程度来决定自己的兑现利润预设值。但如果居民消费价格指数数据非常高，你应该立即止损，因为可以预见你的股票会下跌。

投机交易的关键是果断。通常，片刻犹豫便会让你付出高昂的代价。提前制订一个计划，明确自己想做什么，并坚持下去。你会发现，随着时间的推移，它带给你的回报将超过它带给你的损失。

我们分析了每种股票交易策略的“何时卖出”，明确了持有或卖出的情况和考虑因素。投资者关注的焦点一直是何时兑现利润，因为我发现大多数投资者在盈利的时候，贪婪心态会占据上风。

对于及时止损，我认为无论价格水平如何，只要持仓理由不再有效，就应该立即卖出。然而知易行难，在及时止损方面，多数投资者都拖拖拉拉，因为他们希望等待可以换来价格上涨。为了限制损失，我建议将上述“何时卖出”标准与前一章中概述的三种止损方法叠加在一起，即重要节点，风险/回报率点/以及追踪止损点。

如果你是忙碌蜜蜂型或勤勉小鹿型，请务必考虑在现有策略上覆盖以上的止损机制。它们通常不会与股票策略冲突，三者之中至少应有一种适合你的投资策略。

例如，在你的收益策略中，可能希望使用重要节点止损机制，以找到既不会对你的长期资本收益策略而言过于严苛，又不会过于放松以至于效果不佳的方法。通过设置适合的止损点，你可以捕捉到当基本面意外恶化时股票突然下跌的情况，迫使你重新考虑该股票是否真的适合长期资本收益策略。在该策略中，你也可以使用追踪止损点机制来设置追踪止损，以便当获利股票突然大幅下跌时仅会带来最低限度的损失。

如果你是谨慎螃蟹型或自我大象型投资者，你可以利用止损点来评估自己持有股票的理由是否仍然有效。以这种方式叠加，重要节点机制将有助于限制你的最初损失，而追踪止损点机制则会有助于你保有利润。

记住“何时卖出”的三条规则，并用适当的止损方法覆盖你的策略，不断随时间的推移做出调整，你将永远不必再为何时卖出而苦恼。

第十章　维持投资组合平衡

到目前为止，我们一直专注于在每个资产类别（股票、债券和现金）内构建多元化投资组合。这样做无可厚非，但如果你现在把自己所有单独构建的资产组合放在一起，它们是否仍然拥有你预期的结构和多元化？

为了更好地阐明观点，让我们来看一个简单的例子：35 岁的丹尼尔（Daniel）拥有 100 万美元资产，他将资产配置如下：

	配置百分比	配置金额（万美元）	投资策略
股票	45%	45	40%　收益率（分红） 40%　长期资本收益 20%　短期交易
债券	20%	20	4 只 5 万美元投资级零售债券，期限分别为 2 年、3 年、5 年、6 年
现金	5%	5	3 个月定期存款 2.5 万美元 活期存款 2.5 万美元
房地产	30%	30	以 50% 的杠杆率购买 60 万美元的公寓

在广泛的资产配置层级上，四种资产组合中的每一种都是结构良好且足够多元化。但如果我们对每个资产类别的投资组合进行更深入的研究，并从投资组合构成的层面来看，它们还会同样多元化吗？

丹尼尔总共持有25%或25万美元相对安全的债券和现金收益资产。根据他的年龄特征，这并没有什么问题，因为他还年轻，可以承担更大的风险——75%的风险来自股票和房地产。现在，如果我们观察他的股票投资组合，我们会发现18万美元（45万美元的40%）是相对安全的收益率（分红）股票。我们不确定这一收益率策略中的标的股票是什么，但如果它们主要是“债券化的房地产投资信托基金”，那么丹尼尔对“安全”资产的总体配置是怎样的比例？如此一来，在他的总投资组合中将有43万美元，即43%的比例为投资于相对安全的股息股票、债券和现金。考虑到丹尼尔的年龄，安全收益资产的比例是否过高？这是丹尼尔所希望建立在自己性格之上的投资组合吗？

答案显然取决于丹尼尔，以及他为收益率（分红）策略选择了何种股票。他可能会认为，将股息股票视为安全型或债券并不公平，而他的投资组合足够多元化，因为现金、债券和股息股票到期日均不相同，而股息股票最坏的情况下可能会被视为“永久债券”，因此风险并不小，风险类型完全不同且分散均匀。不过，他也可能同意自己所投资的组合较为倾向于安全的资产收益。

无论理由是否合理有效，这一分析都证明了在资产配置层面和单一资产类别层面看似足够多元化的投资，一旦组合起来却有可能失衡。这是设计投资组合时的一个误区，即未从全局着眼考虑。

让我们继续来看丹尼尔的例子，如果他在收益率股票策略中选择的股票都是几乎类似债券的低波动率股票，那么他需要决定是否将自己总投资组合中近43%的资金投资于收益率型工具。如果他认为这一比例过高，则可以做如下调整：

- 减少收益率股票策略配置比例，增加其他两种股票策略配置比例。

- 减少债券配置比例，增加股票（特别是非收益率策略）和/或房地产和/或其他替代资产类别的配置比例。

由于5%的现金配置已经为较小比例，所以此处并不建议减少现金配置比例。此外，现金必须有适当比例，以备紧急现金需求。

丹尼尔决定只采用上面的第一种方法，并将他对于收益率股票策略的配置减少了20%，并平均分配于其他两种策略。以下是他修改后的整体资产配置：

	配置百分比	配置金额（万美元）	投资策略
股票	45%	45	20% 收益率（分红） 50% 长期资本收益 30% 短期交易
债券	20%	20	4只5万美元投资级零售债券，期限分别为2年、3年、5年、6年
现金	5%	5	3个月定期存款 2.5万 活期存款 2.5万
房地产	30%	30	以50%的杠杆率购买60万美元的公寓

这样一来，现在丹尼尔投资组合中相对安全的收益工具为：

股票（收益率策略）	9万美元（45万美元 x20%）
债券	20万美元
现金	5万美元
总计	34万美元，或者说总资产的34%

相对安全的“债券型”投资工具现在只占丹尼尔整体投资组合的三分之一，更符合他现阶段的需求。

通过对其资产配置的全面了解，丹尼尔意识到了过度集中于相对安全的收益工具的风险。通过上面列出的选择，丹尼尔得以重新调整自己的整体投资组合，并拥有一个更符合自身风险偏好和需求的整体资产配置。

综上所述，除了优化每个资产类别中投资组合的结构之外，还应将不同资产组合结合在一起，评估其整体结构是否符合预期，或令你满意。有时，这种结合会产生一个令你意想不到的组合，这是你分别进行评估时完全无法意识到的。

因此，平衡的投资组合是将各方面结合起来的投资组合。其中资产配置、资产组成以及每种策略中选择的个别证券都与你的风险偏好与性格，特别是与投资管理风格相一致，无论从个别或组合来看都是如此。

结　论

经得起时间考验的投资组合，必须首先排除我们自己给投资带来的障碍。每个人的风险偏好、投资态度、交易习惯及特质各不相同，因此，我们需要定制适合自己的投资组合。“一刀切”的投资组合几乎可以说是必然失败的。

投资的许多“痛苦”源自于所采用的投资风格或投资组合并不适合自己的性格。我希望本书令你知道认知自己的重要性。无论你是自我大象型、勤勉小鹿型、谨慎螃蟹型或是忙碌蜜蜂型，你现在都已有能力为自己构建性格导向的投资组合。这种组合必将经得起时间的考验，并适合你的生活方式。当然，最为重要的是，时间会为你带来最优的回报！